小学班级管理工作入门

章琪琪 / 编著

Elementary School Class

MANAGEMENT

Introduction

图书在版编目（CIP）数据

小学班级管理工作入门 / 章琪琪编著 . — 北京：北京大学出版社，2020.10
ISBN 978-7-301-31641-2

Ⅰ.①小… Ⅱ.①章… Ⅲ.①小学 – 班级 – 学校管理 Ⅳ.① G622.421

中国版本图书馆 CIP 数据核字 (2020) 第 178363 号

书　　　名	小学班级管理工作入门 XIAOXUE BANJI GUANLI GONGZUO RUMEN
著作责任者	章琪琪　编著
责 任 编 辑	姚文海
标 准 书 号	ISBN 978-7-301-31641-2
出 版 发 行	北京大学出版社
地　　　址	北京市海淀区成府路 205 号　100871
网　　　址	http://www.pup.cn　　新浪微博：@ 北京大学出版社
电 子 邮 箱	zpup@pup.cn
电　　　话	邮购部 010-62752015　发行部 010-62750672　编辑部 021-62071998
印 刷 者	北京鑫海金澳胶印有限公司
经 销 者	新华书店
	720 毫米 ×1020 毫米　16 开本　9 印张　138 千字 2020 年 10 月第 1 版　2024 年 2 月第 2 次印刷
定　　　价	42.00 元

未经许可，不得以任何方式复制或抄袭本书之部分或全部内容。
版权所有，侵权必究
举报电话：010-62752024　电子邮箱：fd@pup.cn
图书如有印装质量问题，请与出版部联系，电话：010-62756370

前　言

班主任是学生、家长、任课教师之间一座不可或缺的桥梁，承担着对整个班级学生全面负责的重任。班级就像一个家，班主任是班集体的组织者、教育者、协调者，是学生身心健康发展的辅导员，既要面对学生个体，又要面对学生集体开展教育教学活动。因此，班主任的工作比一般任课教师的工作更全面、更具体、更细致，在思想上、学习上、生活上给学生造成的影响也最直接。

可是，很多新班主任面对一个全新的班级常常会感到束手无策，班级管理无从入手、学生问题无法解决、家长交流无法进行、班级活动无法开展……对于这些新班主任来说，原本在学校书本上学到的知识在实际工作中无法有效地运用，他们急需学到一些班级管理方面切实有效的方法。

对于这些新班主任，学校会配备"一对一"的师徒带教，但是传统的带教工作往往受到时间的制约，无法开展专题性的指导。是否能有一本书，可以帮助新班主任更快适应自己的工作？

《小学班级管理工作入门》一书就这样应运而生了。通过这本书希望实现以下几个目标：

1. 指导新班主任提高对班主任工作的认识，提高管理班级的能力。

2. 通过专题性的篇章学习，帮助新班主任解决常见问题，掌握班主任工作的基本技能。

3. 帮助新班主任领会班级管理的意义，为将来成为一名合格的、优秀的班主任奠定基础。

《小学班级管理工作入门》一书具有以下特点：

1. 本书主要以《上海市中小学见习教师规范化培训手册》第三模块"班级工

作与育德体验"的八项培训内容为基础，同时为兼顾新班主任工作中的实际需要，增加了两项内容，因此内容更全面、更完整。本书可以作为新上岗班主任管理班级的"宝典"，帮助新班主任解决管理班级工作时碰到的问题。

2. 本书同华东师范大学附属小学开发的"十三五"市级培训课程"小学班级管理工作入门"配套，既可以独立成书，又可以成为课程的配套教材，教材中需要观看的视频，可以通过扫描书后二维码直接观看。

3. 本书以"认识班主任工作""了解班级""管理班级""教育学生""开展活动""走近家长"六个方面为重点，通过具体案例、视频指导、思考与实践三个部分，帮助新班主任做好工作，确保班主任工作的顺利开展。

目 录

第一篇　认识班主任工作……………………………………… 1
 第一章　班主任工作的意义 ……………………………… 1
 第二章　班主任工作的要求 ……………………………… 4

第二篇　了解班级……………………………………………… 10
 第一章　全面了解班级情况 ……………………………… 10
 第二章　进行班级情况分析 ……………………………… 14

第三篇　管理班级……………………………………………… 23
 第一章　成为一个班级管理者 …………………………… 23
 第二章　管理班级的途径 ………………………………… 29
 第三章　班干部的选拔和培养 …………………………… 36

第四篇　教育学生……………………………………………… 47
 第一章　学会与学生交往 ………………………………… 47
 第二章　正确对待班级里的特殊学生 …………………… 53
 第三章　认真撰写学生评语 ……………………………… 67

第五篇　开展活动……………………………………………… 72
 第一章　有效开展主题班会 ……………………………… 72
 第二章　积极组织社会实践 ……………………………… 93

第六篇　走近家长·· **117**
　　第一章　正确处理教师与家长之间的关系 ·················· 117
　　第二章　开好学生家长会 ······································· 132
后　记··· **139**

第一篇

认识班主任工作

第一章 班主任工作的意义

一、《教育部关于进一步加强中小学班主任工作的意见》的颁布

2004年,中共中央、国务院颁发的《中共中央国务院关于进一步加强和改进未成年人思想道德建设的若干意见》指出:"要完善学校的班主任制度,高度重视班主任工作,选派思想素质好、业务水平高、奉献精神强的优秀教师担任班主任。" 2006年6月,教育部为了深入贯彻落实《中共中央国务院关于进一步加强和改进未成年人思想道德建设的若干意见》,充分发挥中小学班主任教师在学校教育工作中的骨干作用,促进学生德智体美劳全面发展,颁布了《教育部关于进一步加强中小学班主任工作的意见》,强调了班主任工作的重要性。

中小学班主任是中小学教师队伍的重要组成部分,是班级工作的组织者、班集体建设的指导者、中小学生健康成长的引领者,是中小学思想道德教育的骨干,

是和家长、社区沟通的桥梁，是实施素质教育的重要力量。中小学班主任的工作是学校教育中极其重要的育人工作，既是一门科学，也是一门艺术。在普遍要求全体教师都要努力承担育人工作的情况下，班主任的责任更重，要求更高。做班主任和授课一样都是中小学教师的主业，班主任队伍建设与任课教师队伍建设同等重要。加强中小学班主任工作，对于贯彻党的教育方针，全面推进素质教育，把加强和改进未成年人思想道德建设的各项任务落在实处，具有十分重要的意义。

二、《中小学班主任工作规定》的颁布

2009年8月12日，教育部为了进一步加强中小学班主任工作，发挥班主任在中小学教育中的重要作用，保障班主任的合法权益，全面推进素质教育，制定了《中小学班主任工作规定》（以下简称《规定》）。

《规定》共分为七章二十二条，包括班主任的配备与选聘、职责与任务、待遇与权利、培养与培训、考核与奖惩等多个方面，并明确指出班主任工作的重要性：班主任是中小学日常思想道德教育和学生管理工作的主要实施者，是中小学生健康成长的引领者，班主任要努力成为中小学生的人生导师；班主任是中小学的重要岗位，从事班主任工作是中小学教师的重要职责；教师担任班主任期间，应将班主任工作作为主业；加强班主任队伍建设是坚持育人为本、德育为先的重要体现；政府有关部门和学校应为班主任开展工作创造有利条件，保障其享有的待遇与权利。

《规定》充分体现了对班主任工作的尊重和认可，对广大班主任教师是极大的鼓舞和激励。强调班主任在学校教育中的重要地位，对于稳定班主任队伍、促进班主任专业成长，鼓励广大班主任能长期、深入、细致地开展班主任工作有着重要意义。

三、《中小学德育工作指南》的要求

2017年8月17日，教育部颁布《中小学德育工作指南》（以下简称《指南》），提出中小学阶段学生培养的目标、德育内容、实施途径和要求等内容，同时也对

班主任工作提出了明确要求。

《指南》明确指出，班主任要全面了解学生，加强班集体管理，强化集体教育，建设良好班风，通过多种形式加强与学生家长的沟通联系。各学科教师要主动配合班主任，共同做好班级德育工作。

关爱特殊群体。要加强对经济困难家庭子女、单亲家庭子女、学习困难学生、进城务工人员随迁子女、农村留守儿童等群体的关爱，完善学校关爱机制，及时关注其心理健康状况，积极开展心理辅导，提供情感关怀，引导学生心理、人格积极健康发展。

积极争取家庭、社会的共同参与，并支持学校德育工作，引导家长注重家庭、家教、家风建设，营造积极向上的良好社会氛围。加强家庭教育指导，建立健全家庭教育工作机制，统筹家长委员会、家长学校、家长会、家访、家长开放日、家长接待日等各种家校沟通渠道，丰富学校指导服务内容，及时了解、沟通和反馈学生思想状况和行为表现，认真听取家长对学校的意见和建议，使家长了解学校办学理念、教育教学改进措施，帮助家长提高教育水平。

四、全国教育大会上的要求

2018年9月10日，全国教育大会在北京隆重举行。作为新时代的一次全国教育大会，习近平总书记对教育工作面临的新形势、新任务进行了分析，对当前和今后一个时期教育改革发展作出战略部署，为新时代教育事业勾画了蓝图，指明了方向。贯彻大会精神，是教育领域的当务之急。

习近平指出，培养什么人，是教育的首要问题。中国是中国共产党领导的社会主义国家，这就决定了我们的教育必须把培养社会主义建设者和接班人作为根本任务，培养一代又一代拥护中国共产党领导和社会主义制度、立志为中国特色社会主义奋斗终生的有用人才。这是教育工作的根本任务，也是教育现代化的方向和目标。

学校教育是以班集体为单位进行的，学校教育的各项工作都跟班主任有关，班主任既要关心学生的学习状况，指导学生明确学习目的，端正学习态度，掌握正确学习方法，养成良好学习习惯，增强创新意识和学习能力；又要进行有效的班集体管理，保证学校各项教育工作的顺利进行；还要组织学生开展班会、队会以及各种主题教育活动和文体活动；更要了解每个学生的身体、心理和思想状况，开展有针对性的教育，做每一位学生人生道路上的引路人。

第二章　班主任工作的要求

班主任是学生、家长、任课教师之间一座不可或缺的桥梁，承担着对整个班级的学生全面负责的重任。班级就像一个家，而班主任就如同"一家之主"。班主任是教师队伍的重要组成部分，是班级工作的组织者、班级建设的指导者、学生健康成长的引路人，是思想道德教育的骨干，是沟通家长和社区的桥梁和纽带，是实施素质教育的重要力量。班主任既要面对学生个体，又要面对学生集体开展教育教学活动。因此，班主任比一般任课教师的工作更全面、具体、细致，在思想、学习、生活等方面给学生造成的影响也最直接。

一、班主任是班集体的管理者和建设者

班级是学校管理中最基本、最基层的"单位"。学校管理工作中一个重要的方面就是班级管理工作，而班主任就是学校中全面负责班级工作的教师。当班主任遵循组织管理的一般原理、按照科层组织的模式来落实班级教育时，班主任就很容易被理解为"管理者"。

班主任作为"管理者"的意义在于透过学校组织所赋予的权力性特征和师生关系中所秉承的权威性特征，对班级这样一种特殊的社会群体进行外在联结（与家长、其他教师、学校等）和内部整合，使班级形成一个对其成员具有较强约束力和控制力的正式群体；同时，由于学校中的活动，如课堂教学、课外活动、社会实践等，大多数情况下都以班级为基本组织单位，班主任教师便可通过自己在师生交往与互动中的主导地位对个体或群体进行直接影响。

班主任在做好"管理者"角色的同时，更应该成为一个班集体的"建设者"。

只有重视班级建设，才能有效提高班级管理工作的水平。如何构建班队工作管理机制？如何加强班级文化建设？如何做好班干部的培养建设工作？如何形成良好的班风？这些都应该成为班主任在班级建设方面应该考虑的重要内容。班主任只有在做好"管理者"的同时做好"建设者"，才能成为一名合格的班主任。

二、班主任是学生成长的导师

一个人在成长过程中，往往会因为一次温暖的握手、一个关切的眼神、一句如沐春风的话语而受到影响，甚至改变他的一生。美国著名教育家巴士卡力博士曾说："把最差的学生给我，只要不是白痴，我都能把他们培养成优等生。"他的方法就是赞美和激励。一个优秀的班主任就应该善用自己的言行引导学生，努力成为学生成长中的"导师"。

班主任与学生接触最多、时间最长，他的一言一行都为学生作出了榜样。因而人们常说，班主任带班久了，会使"生如其人""班如其人"。班主任对学生的影响是潜移默化、无处不在的。班主任对学生的否定，会对学生产生极大的影响。相反，班主任对学生的肯定，又会使学生充满自信心。他的举手投足都会为学生所效法，学生的心中常会有着班主任的影子。遇到困难时，他们会想起班主任的教诲；获得成绩时，会期望班主任能与他们分享成功的喜悦。他们的喜怒哀乐，甚至终身大事，都会向班主任"报告"，希望听到班主任的意见和建议，得到班主任的关心和祝福。优秀的班主任是学生的良师益友，是学生人生道路上的引路人，甚至是学生终生的导师。

因此，除了作为一名教师所普遍具有的为人师表的形象外，作为与班级学生朝夕相处的班主任尤其要注意自己的语言和行为。

1. 班主任的语言

班主任所涉及的管理工作细致而琐碎，因此，从学生进入教室开始，班主任的语言便会伴随在学生耳畔："桌椅摆放要整齐""上课听讲要认真""下课不要随意奔跑""午餐不能浪费""打扫卫生要干净"，等等。这些话语常常伴随着学生们一天的学习，但是，有些班主任说得越来越多，效果却越来越差，甚至让学生产生逆反心理。因此，"条理清晰、通俗易懂、言简意赅"应该是班主任在教育学生过程中要遵循的原则，否则难免会使学生心烦生厌，从而丧失应有的教育效果。

在平时的工作中，班主任在"表扬""批评"学生的时候所说的语言最能体现班主任语言的重要性。

表扬学生的目的是帮助学生强化正确的行为，树立正确的榜样。因此，表扬学生时首先要做到"具体不空泛"。表扬学生时，要对学生身上表现出来的某一"闪光点"进行表扬，让学生知道自己在何方面、因何原因受到表扬。如果笼统、空泛地进行表扬，则起不到强化学生身上表现出来的优点的作用，有时反而会让学生感到莫名其妙，久而久之，表扬就失去应有的作用。比如，班主任表扬学生在做值日工作时把地面扫得很干净，就应该在表扬时说："某某同学，值日工作很认真，地面打扫干净，没有任何垃圾和灰尘。"不要仅仅说："某某同学，值日工作做得好。"具体的表扬，才能让更多的学生照样子学习。

表扬学生时还应该做到"适度不过度"。表扬可以达到鼓励和激励学生的作用，但只有适量、适度的表扬才能对学生良好品行的形成起到积极作用，过度、夸张的表扬则毫无用处，久而久之，反而会让学生丧失明辨是非的能力。因此，班主任在表扬学生的时候，言语要适度，不能过度。

在学生的成长过程中，难免会犯错误，作为班主任，对于学生的错误批评是免不了的。批评的目的是淡化或弱化学生的错误行为，帮助学生改正错误，而非夸大和强化错误本身。批评与表扬一样，都是班主任对学生进行教育的一种手段，它与表扬结伴而行，相融而生。但批评与表扬相比，毕竟是件让人难堪的事情。班主任常常希望通过批评促使学生改正错误的行为，事实上却事与愿违。

班主任在批评学生时，首先应该注意言语上的"恰当不过分"，不要将学生的错误行为夸大和强化，而是应该告诉学生正确的做法。比如，学生上课时和邻座的同学讲话，影响了老师上课，但是老师也应该了解一下学生讲话的原因，如果是对于老师知识点的不理解进行讨论，则可以告诉学生不懂的问题可以举手问老师，或者在课后与同学交流，课堂上的讲话会影响其他同学的听课质量。当然，如果学生说的内容与课堂内容无关，则应该批评学生上课随意讲话的行为。只有恰如其分的批评才能达到最好的教育效果。

另外，班主任批评学生时，也应该做到"适度不过度"。批评学生不能整天唠唠叨叨，应该注意批评的频率，不能在短时间内连续、重复批评同一个学生。事无巨细地强调、训斥会使学生"习惯"于批评，从而把批评当作耳旁风。同时，批评不可过多过滥，应该抓住要害。批评学生也要做到对事不对人，要帮学生分析原因，和学生一起讨论改正的方法，切忌使用侮辱性的语言。

2. 行为形象

班主任不但要起到管理班级学生的作用，更要起到表率作用。所谓"己所不欲，勿施于人"，班主任如果不能处处以身作则，就无法赢得学生的信任，有效的教育也就无从谈起。

加里宁曾经说过："世界上没有什么东西能比孩子们的眼睛更加精细、更加敏捷，对于人的心理上的各种微妙变化更敏感了。"学生是具有模仿力的一个群体，老师的行为不管是正面还是反面，都会对学生产生潜移默化的影响。

作为一名班主任，笔者总是在和学生谈话时让他们坐下，自己坐在边上认真倾听，让学生有被尊重的感觉，从而学会尊重；要求学生做到的事情，如不留长指甲、看到地上垃圾及时捡起、身边带着餐巾纸、不带饮料进教室等，笔者也都会做到。笔者情绪激动的时候也会发脾气，但是冷静后，会对学生真诚地说声"对不起"，让他们体会到老师也是一个普通人，也会犯错误，但要学会敢于承认自己的错误。

平时工作中，常会看到一些不和谐的小镜头：班主任要求学生主动和老师打招呼，但班主任对学生的问候视而不见；要求学生不能喝饮料，但班主任却拿着饮料走进教室；要求学生认真完成作业，班主任却在黑板上潦草地书写；要求学生讲卫生，把指甲剪干净，班主任却留长指甲；要求学生桌面整洁，班主任的讲台却凌乱不堪……其实这些不经意的行为，学生们都看在眼里。

因此，作为一名班主任，要注意自己平时的言行举止，更不要错过给每一位学生树立榜样的机会，因为你的一举一动可能影响他们一生。

三、班主任是多方沟通交流的协调者

班级，作为学校教育的基本单位，始终处于诸多关系和矛盾之中。班主任要妥善解决各种矛盾，及时沟通各方面各环节，调节好内外人际关系，形成班级的教育合力。协调，也就是通过解决矛盾，化解冲突，为学生全面健康发展创造一个有利的环境。班主任作为学生与各任课教师、家长、学校的沟通桥梁，自然就成为学生与这三者的协调者。当三者与学生出现沟通方面的问题时，就需要班主任发挥多方沟通交流的作用。

班主任在校内对本班任课教师起组织协调作用。特别是与任课老师的关系的好坏，不仅对学生是潜移默化的示范，而且会直接影响教育教学效果。班主任和任课教师之间能否建立良好的协作关系，取决于班主任老师的工作方法和处事水平。只有班主任和任课教师协调一致，互相配合，才能共同管理好一个班级。班主任要积极邀请本班的任课老师经常参与班级的各种活动，如主动邀请任课老师参加家长会、主题班会等，这样既促进了相互间的合作，又提高了相互间的沟通效果。对任课教师提出的班级问题，也应该虚心听取，并积极改正。班主任的真诚会感动任课老师，任课老师的积极性也就能调动起来，这样才能把班级建设好。

班主任在学校与家庭、社区之间也起着联系纽带的作用。学校教育如果不能与家庭教育合二为一，将会影响学生的成长。对学生的教育不仅仅是学校的任务，也是社会与家庭的任务，只有三位一体，才能形成良好的教育氛围，使学生在健康的环境中快乐地生活、成长。学生作为家庭和社会的一员，他们思想品德的成长，绝不是学校单方面教育的结果，而是在各方面教育的影响下形成和发展的。各方面的教育形成合力，则教育就有成效；若各方面教育相矛盾或发生冲突，造成分力，则教育无效，甚至产生负效应。

一个班级的稳定与团结取决于班主任在这方面的工作做得如何。可见，班主任的工作十分重要，学校通过班主任与家庭、社区的沟通，达到教育的一致性，充分发挥各方面的积极作用不仅能使教师教育成果得到巩固，而且能进一步促进学生的发展。

总的来讲，班主任是班集体的管理和建设者，是学生成长的导师，也是一个多方沟通交流的协调者。要做好一名班主任的确不容易，这就应验了一句名言："优秀的班主任一定是优秀的教师，而优秀的教师未必是优秀的班主任。"

> 在学校里，班主任是和学生相处最久的人，班主任的一言一行不仅会影响孩子，甚至对整个班级的管理都会产生或多或少的影响，让我们来看看下面的案例。

案例 "身教"重于"言教"

每周一次个人卫生检查的时间到了，小明同学由于留了长指甲被卫生员查出，结果扣了班级行为规范检查的分数，班级因此丢失了流动红旗。

班主任知道后，找到小明，批评他不剪指甲是不讲卫生的坏习惯。没想到，小明看着老师做过彩甲的指甲低声嘀咕着："老师，你为什么不把指甲剪干净，还涂上了颜色？"

【案例分析】

老师是否做彩甲，其实并不是师生冲突的源头。老师对自己与对学生要求的不一致，"言教"与"身教"的不统一才是这个案例中矛盾产生的根源。

案例中的老师批评孩子不讲卫生，没有把指甲剪干净的做法，本身是没有错误的。问题在于她要求学生做到，自己却没有做到。

常说教师教育学生要做到"言传身教"，现实生活中"身教"难于"言教"，只有真正做到"言传身教"才能让教育深入孩子们的心中。

孩子如同一张白纸，从牙牙学语发出第一个字音，蹒跚学步迈出第一步都是从模仿开始的，同样，他们身上的很多言行举止也是从模仿成人开始的。老师是在学校和孩子相处最久的人，老师的一言一行他们都看在眼里，记在心里。孔子曰："其身正，不令而行，其身不正，虽令不从"。教师不仅要用语言告诉孩子们应该怎么做，不该怎么做，更应该通过自己的行为教育学生。

教育家夸美纽斯说过："教师的职业是用自己作榜样教育学生。所以应随时注意自己的言行举止，在工作和生活中，时刻严格自律，努力成为学生可以仿效的榜样。"大教育家的话充分说明教师以身作则、言传身教的重要性。

老师们，如果你们也从前面的案例中看到自己的影子，那就请你尽快改正，因为"身教"重于"言教"。

第二篇

了解班级

第一章　全面了解班级情况

班级是学校的基本单位,是学校为实现一定的教育目的,将年龄相同、文化程度大体相当的学生按一定的人数建立起来的教育组织。一个班级通常是由一位或几位学科教师与一群学生组成,整个学校教育功能的发挥主要在班级活动中实现。班级教学是现代最具代表性的一种教育形态。

作为一名班主任,要成为班级的管理者和建设者,首先必须全面了解自己带教班级的情况,只有这样,才能真正开展好工作。

一、接新班级要做的准备

由于各种原因,班级里的几十名学生在思想品德、行为习惯、学习态度、学习能力和个性上均存在很大的差异。对此,班主任要有充分的估计,做好付出大量精力、心血的思想准备。心理上有了准备，才能耐心对待每一位学生，为形成良好的班级氛围奠定基础。

1. 熟悉学生的姓名

班主任在收到班级学生名单时，要花一定时间去认识并记住学生姓名。对那些不常见的冷僻字要查一下读音，切不可当着学生的面念错姓、叫错名。现在的家长为孩子取名煞费苦心，有些字较偏，若班主任与学生初见面时便能叫准学生的姓名，学生会对老师产生一种亲切感、熟悉感，这样，班主任还未真正开展工作便已经树立良好的形象。

2. 布置班级环境

无论是刚跨入校门的学生，还是升入高一个年级的学生，他们都会对新的环境感到新鲜和喜悦，同时也会有一种对新老师的期待和因为不了解新班主任产生的不安情绪。因此，要创造一个好的环境，让学生真正把心静下来。

学生的学习生活主要在教室，因此，班主任老师要布置好教室，让学生在开学的第一天就进入一个温馨的环境，从而对这个集体产生强烈的认同感。特别是一年级的教室，老师可以布置得色彩明丽一些，让学生一走进教室就淡化陌生感。

开学前，班主任要对教室的门、窗、灯、桌、椅进行检查，发现有破损的要及时和总务处联系，做好修理工作。然后，把教室打扫干净，让学生在窗明几净的环境中学习，产生愉悦的心情。同时，还要发挥环境育人的功能。黑板报、班级墙面都应该布置体现班级个性和风格的内容，也可以摆上一些植物，为班级增添生机与活力。

二、熟悉班级学生的途径

接手新班级的班主任，除了做好各种准备工作外，最重要的就是要尽快了解本班学生，了解的方式多种多样，概括起来大致有以下几种。

1. 从资料档案中了解

每个班级都有档案资料，接手新班级后，班主任应该了解每个学生的情况，包括学生的学习情况、性格特点、家庭住址、父母的工作单位、文化程度、家庭经济状况等。若接手的是一年级的班级，则可以通过入学登记表了解相关信息。

2. 向原班主任了解

通过与原班主任的沟通，可以了解一些班级学生的情况，如班级的整体学习情况，开展活动的情况，小干部的培养情况，父母对家庭教育的重视程度等。这有利于新班主任形成自己的带班理念，有针对性地制订教育计划。

3. 通过家访了解

家访的目的是与家长互通情况、交流信息、沟通情感，既让家长了解学生在校各方面的表现和学校对学生的要求，又是教师了解学生在家里的表现以及学生家庭情况最直接的方式。

班主任要明确每一次家访的目的，作为新接手的班主任，家访的目的主要是了解学生在家里的表现、家庭情况，同时也让家长了解班主任的工作态度、方法以及教学水平，赢得家长的信任与支持。

"学生家庭访问个案记载与分析"相关视频资料请扫书后二维码。

思考与实践

对于班主任来说，家访是了解学生和家长的重要途径，请通过视频学习，完成一份家庭访问个案记录与分析。

表 2-1　学生家庭访问个案记录与分析

学生姓名		年龄		性别		年级、班级		担任工作		兴趣、爱好	
家长	父	年龄		工作单位			职务		电话		
	母										
家庭住址				电话				邮编			
家访目的											
家访过程记载											
情况分析											
后续教育记载											
家访后的反思											

第二章　进行班级情况分析

班级情况分析是班级管理和班集体建设的一项基础工作。一份细致深入的班级情况分析报告有助于老师对班级情况的全面了解，进而在今后的教育教学工作中有的放矢。因此，班主任在接手一个新班级之初，都应该对自己所带领的班集体进行情况分析。

尽管班级情况分析很重要，但是班主任进行班级情况分析的现状却不容乐观。很多班主任只是把班级情况分析看作工作计划的一个部分，甚至是无足轻重的引入，往往短短几行字，简单地介绍一下班级人数、男女生比例、班级在纪律与学习等方面的基本情况，有部分老师还会提及班级的家长工作。但这样的班级情况分析对于班主任开展后续的班级管理工作是起不到任何作用的。

那么一份完整、细致的班级情况分析应该怎么写？

班级情况分析报告一般包含三个方面：班级概况分析、优缺点分析、跟进措施。

一、班级概况分析

班级概况可以从学生基本信息、班级整体氛围两大方面进行分析。它是进行班级优缺点分析以及制定跟进措施的基础。因此，做好班级概况的分析非常重要。

1. 学生基本信息

"本班共有×名学生，其中男生×人，女生×人，男女比例基本相当。非独生子女人数有×人。"班级概况一般总是以这样的介绍作为开头。

这并不是简单的数字统计，其实这些统计数据会反映出重要信息。例如，在一份班级情况分析中有这样的描述："班级共有41名学生，21名女生，20名男生。外省市借读生19人……"外省市借读生19人就表明班级中可能随迁子女较多，学生的流动性大。有了这个信息，教师就应该在开展班级工作时有一些针对性的考虑。

在孩子的成长过程中，父母扮演了非常重要的角色。因此，学生基本信息的

第二部分就可以分析学生的家庭情况，例如，家庭职业、文化程度、家庭环境等。家庭环境的分析可以包含软环境和硬环境两方面。软环境包括学生的家庭结构，如单亲家庭的孩子有几个，是否有重组家庭、离异家庭、再婚家庭等。接下来，可以分析家长的教养方式。教养方式一般与家长的文化程度有一定的关系。文化程度较低的家长容易对孩子过分干涉或是过度保护，教育方式比较简单、粗暴。家庭环境的硬条件，班主任可以在家访过程中进行观察。总而言之，对学生家庭情况的分析也是非常必要的，这有利于老师更好地了解学生的家庭环境以及家长的教养方式等。

2. 班级整体氛围

营造良好的班级氛围是一项艰巨的系统工程，它需要教师采用积极适当的方式，统筹规划、循序渐进、用心去建构和维护。因此，在班级概况的部分，可以分析班级的整体氛围。

班级整体氛围包括学习氛围、活动氛围。学习活动是学生在校园生活中最重要的内容。学习氛围影响班级氛围，又依赖于班级氛围。不仅在课内，还包括课外，班主任都要认识到营造良好学习氛围的重要性，要使学生对每个学科产生兴趣，进而热爱学习，尊重老师，以至于热爱自己学习的班集体，主动参与建设或维护良好的班级氛围。因此，这一部分可以请课任老师一起进行评价，也可以听取来自家长和学生等各方面的建议。班主任对各方意见进行综合评价，则更加客观全面。

当然，班级概况的记录也不是越详细越好，我们一方面要尽量记录有助于了解班级全貌的基本信息，另一方面，对于一些较为模糊，对班集体建设意义不大的信息可以省略。比如，关于学生出生年份的记录，这就是一个相对多余的信息，对教师意义不大。

有些需要在班级概况中进行说明的信息可能会被老师忽视。例如，现在近视的学生越来越多，在安排座位方面可能存在问题；班级里是否有学生有慢性病需要教师予以特殊关注的；学生有哪些才艺，教师在开展班级活动时可以鼓励展示，等等。

班级情况是对班级整体状况的概括，记录的是任课老师、家长、学生等关于班级学习和活动氛围等整体概况,不要过于强调个别学生的情况。

二、优缺点分析

每个班级都有其特点,进行优缺点的分析,有利于班主任在开展活动时扬长避短,使集体更加积极向上。优缺点分析可以从行为规范、学业表现、实践活动、心理健康、家校合作等方面展开。

1. 行为规范

著名教育家叶圣陶先生说:"什么是教育,简单一句话,就是要培养良好的习惯。"行为规范是国家对小学生日常行为最基本的要求,加强对学生的文明礼仪教育和行为训练,以促使他们从小养成良好的行为习惯。因此,行为规范教育是班主任工作中极为重要的内容,进行较为详细的行为规范情况的分析,有利于班主任更有针对性地开展行为规范教育。

学生行为规范的范围非常广泛,班主任可以从仪容仪表、文明举止、遵规守纪等方面进行分析。

"学生基本遵守学校一日常规要求,经常获得学校行为规范评比的流动红旗。早上按时到校,戴好红领巾,周一能穿好校服。尊敬师长,有礼貌,主动向老师问好。同学之间友好相处,愿意帮助他人或老师做些力所能及的事情,值日工作、眼保健操和早操也都能认真完成。但是,班级学生在课间文明休息方面做得还不够,喜欢在走廊里奔跑,课间交谈声音较响,影响休息。"在这一段关于学生行为规范情况的描述中,班主任从仪表、礼貌、守纪等方面进行了分析,优缺点一目了然。班主任也可以根据自己班级的情况从这几个方面进行分析,这样班级的行为规范优缺点都能分析得比较完整。

2. 学业表现

学习是学生在校的主要任务,学业表现也是班级情况分析中必不可少的一部分。我们可以从班级学生的学习动机、学习习惯、学习表现等方面来分析学生的学业表现。

例如,"大部分学生学习态度比较认真,会合理安排学习时间。上课思维活跃，积极举手发言。按时完成作业，但书写规范和准确率还有待提高。"从这一段描述中可以看出，这个班级的学生在学习态度、习惯方面的表现比较突出，但书写不规范和准确率不高的缺点也较明显。

又如，"学生上课注意力比较分散，能积极发言的学生人数较少，需要提高课堂听课效率。部分学生自控能力较差，往往要老师催促才能上交作业，对于抄写和订正的作业，常偷工减料。"这一段描述中，可以看出这个班级的学生在学习习惯和态度方面表现欠佳，老师可以继续从学习动机方面分析。

3. 实践活动

班级实践活动是学校教育活动的重要组成部分，是班级集体教育的经常性形式。开展多种形式的班级活动对促进学生发展，加强班集体建设具有重要意义。在活动中，有利于班主任不断发现人才，不断实现班级的奋斗目标，也促进学生的人际交往。因此，班主任会根据学校要求、班级特点，开展丰富多彩的班级实践活动。在这些活动中，班主任可对学生参与的积极性、合作互助意识以及活动表现进行整体评价，同时也可在活动中观察学生个体。因此，班级整体在实践活动中表现出的特点，班主任也需要进行阐述，作为今后班级开展活动的基础。

4. 心理健康

心理健康包括智力健康、情绪健康、意志健全、行为协调、人间关系适应、心理特点符合年龄等。班主任可以从班级学生的心理特征和可能存在的心理问题等方面进行分析。

心理特征是指一个人经常表现出来的稳定的心理特点，如有的人观察敏锐，有的人粗枝大叶；有的人记得快且牢，有的人记得慢且易忘；有的人情绪稳定，有的人容易波动。个别学生可能有心理问题，如焦虑、抑郁等。

5. 家校合作

"家长们配合老师的工作，家委会能组织丰富多彩的活动促进学生发展。家长愿意与老师沟通学生的情况，愿意和老师一起探讨育儿方法和经验。"在绝大多数班级情况的分析中，对于家校合作的描述都突出了家校联系情况，从上述文字也可以看出家校合作的基础是很好的。班主任除了这些内容以外，还可以从家长可以提供的资源进行分析。

例如："班级里有一位家长是教育学博士，特别擅长亲子阅读的指导，而且为人热情，不仅愿意来校指导学生进行课外阅读，还利用双休日的时间培训了一批家长志愿者参加阅读活动指导，并发动了十几位家长定期到班级开展课外阅读活动。"这是班级家长资源中的特色，班主任在班级情况分析中可以进行阐述。

三、跟进措施

最后一部分是"跟进措施"，这部分内容的撰写可以参考之前"优缺点分析"的内容，有针对性地设计。例如，根据班级行为规范情况，把"走廊不奔跑、主动打招呼"作为班级行为规范教育的重点，加强行为规范的教育和检查，培养良好习惯。

更好的方法是先制定班级建设目标，再制定措施。班主任可以根据班级的实际情况，设置一个班集体建设的总目标，也就是把发扬班级优点和克服班级缺点的对策措施提高到实现班集体建设目标的高度来思考。

另外，在一段时期后，关注这些措施实施效果，并根据班级情况的变化，及时调整。

综上所述，一份班级情况分析报告可以从班级概况分析、优缺点分析、跟进措施三方面入手撰写。全面细致的班级分析报告有利于班主任对班级情况的了解，在今后的教育教学工作中也一定能帮助班主任更加得心应手。

> 一份清晰全面的班级情况分析，可以帮助班主任更好地了解班级的情况，帮助班主任开展自己的工作。下面就来看看几位新班主任完成的班级情况分析。

表 2-2　班级情况分析报告（一）

班级概况：
　　本班学生共 46 人，其中，男生 23 人，女生 23 人，全部都是外来务工人员子女，农村户口。孩子进入四年级，一切都有较大变化，因此，家长与老师都要掌握孩子的一切情况，因材施教，才能使孩子健康成长。四年级是孩子跨入高年级的开始，语文、数学、外语等各门学科均有了许多新的要求。处在这一时期的孩子更需要老师真诚的鼓励和热情的帮助，只要老师能够正确引导，孩子就会顺利度过这一时期。

优缺点分析：
1. 班级缺乏良好的学习风气。班内学生的上进心不强，没有学习的主动性，学生把学习作为一种负担，有一种想要放弃但父母与老师盯着又不敢放手的状态。只要老师与父母一放松，他们就不想学。因此，很难形成一种良好的学习风气。
2. 作业质量太差。作业是学习知识与技能的有力武器。作业质量的好坏直接影响学习的成绩。班级学生的回家作业存在着严重的拖拉现象。通过一个阶段的整治，虽然有所改观，但质量一直不高。
3. 班级内缺少领头的学生，没有前进的动力。
4. 一部分学生来自单亲家庭，有父母在外打工而无法管、管不住的，也有一部分家长不重视孩子的学习。

跟进措施：
1. 改善学习行为：改进学习方法，重视基础知识的理解和应用，及时巩固和训练重点知识。
2. 发挥优先生的榜样作用以转化差生，即抓好典型，防止两极分化。
3. 认真上好每一堂课，提高学生思维能力。
4. 训练答题技巧。
5. 做好与家长的联系工作，争取家长的全力支持与配合，保证学生在家的学习时间与学习质量。

分析点评：
　　这份班级情况分析，老师按照表格内容进行了填写，但是仔细读一读还是发现不少问题。
　　在"班级概况"部分，第一句介绍了班级学生男女生比例的情况，但是从第二句开始"孩子进入四年级，一切都有较大变化，因此，家长与老师都要掌握孩子的一切情况，因材施教，才能使孩子健康成长。四年级是孩子跨入高年级的开始，语文、数学、外语等各门学科均有了许多新的要求。处在这一时期的孩子更需要老师真诚的鼓励和热情的帮助，只要老师能够正确引导，孩子就会顺利度过这一时期。"这部分内容是学生在小学阶段的总体情况，并不是这个班级的情况。
　　在"优缺点分析"部分，老师列举了四个方面，建议进行分类分析，这样就会更清晰。例如，第一部分和第二部分可以合并为"学习态度与学习气氛"；第三部分为"班干部工作情况"；第四部分为"家校合作情况"。
　　在"跟进措施"部分，老师列举了 5 条措施，但是这 5 条内容比较笼统，没有具体措施，例如，第 4 条"训练答题技巧"就是这个问题。另外，每条措施如果能和前面分析的"班级优缺点"——对应就更有针对性。

表2-3 班级情况分析报告（二）

班级概况：

1. 学生基本信息

本班共有43名学生，其中男生20名，女生23名，80%为独生子女。本班是个团结向上的班集体。经过三年的学习生活，知晓学校和班级的各项制度，大多数学生能够积极遵守规章制度，热情参加学校班级组织的各项活动，拥有集体荣誉感。大部分学生已经养成良好的行为习惯，但是仍有少数自控力较差的学生需要时刻提醒。班级大部分学生家长教育程度为本科学历以上，大多比较热心，能够积极配合教师工作，对于班级和学校组织的活动非常支持。

2. 班级整体氛围

本学期仍应进一步培养学生良好的行为习惯，争取使个别学生有明显进步。在班干部培养上，由于已经步入高年级，应放手让学生干一些力所能及的事，并做好组织引导工作；同时，培养小干部的工作能力，协助班主任形成严谨、有纪律、有是非观念、民主、不失活泼、有凝聚力的班风。

优缺点分析：

1. 行为规范

行为习惯方面基本能遵循小学生一日行为规范来做，但由于一些孩子自控能力差，自觉性还有待提高，尤其是小李、小陈、小万、小翟、小施、小郑等在这方面做得还不够，经常要老师同学提醒，应逐步引导这批孩子的行为自觉养成。

2. 学业表现

大部分学生较聪明，思维活跃，作业能认真完成，有一定的竞争意识。但也有少数学生没有很好的学习习惯，上课常有开小差的情况（小王、小李等），希望养成认真作业、专心听讲的习惯。

3. 实践活动

班级学生爱集体，爱劳动，爱师长，爱同学，但由于是独生子女的关系，会出现自私、盲目自满等现象。个别学生性格比较特别，不会与人交往，不善于表达自己的思想。培养学生与人相处的能力也是这学期的重点内容之一。

4. 心理健康

本班学生大多数比较阳光、活泼，没有出现有心理问题倾向的学生，但是有些男生随着年龄的增长，对老师（尤其是青年老师）的管教表现出一些不以为然，这点需要提前关注，是不是有的学生已经到叛逆期。

5. 家校合作

家长大多比较热心，能够积极配合班主任的工作，对于班级和学校组织的活动非常支持，尤其是家委会的几位成员，尽心尽责。有些家长由于工作较忙没有主动提出做家委会成员，但他们也能够抽出时间，提供各种资源，为孩子的课外发展提供多元支持，营造了融洽的环境。

（续表）

跟进措施： 　　根据班级行为规范评比的要求，及时与任课老师沟通，随时进行文明礼仪的教育。利用班会、学校各项活动等时间进行文明礼仪的渗透教育，并开展班级特色的文明礼仪活动。 　　1. 校园礼仪我先行 　　通过每月的"礼仪之花朵朵开"的评比，评选每月班级文明礼仪示范员。结合执勤中队开展"我做一天礼仪示范员"校园礼仪之美的寻访活动，以"礼在行为、礼在语言、礼在班级"为主题，培养学生良好的文明礼仪习惯，从而使学生由"他律"到"自律"。 　　2. 自我挑战赛 　　通过谈话，与平时课堂表现相对较较差的同学发起"自我挑战赛"。让学生突破自我，在一节35分钟的课程中，从自我管理15分钟，延长到20分钟，最后慢慢培养学生良好的课堂表现。 　　3. 互相结对对帮互助 　　针对不善于交际的学生，在实践活动时将他们分别安排在不同的实践组，并且分配给他们一些管理协调的工作。引导、鼓励这些学生与其他同学交流合作，与大家共同完成每一次实践任务。
分析点评： 　　这份班级情况分析完成得比较好。班主任不仅分析了班级学生的基本情况，还认真分析了班级目前优缺点，涉及行为规范、学业表现、实践活动、心理健康、家校合作等方面。老师还能根据班级现状，制定有针对性的教育对策，如果这位班主任能按照这些对策开展班级管理，相信这个班级会有新的面貌。

"完成一份班级情况分析报告"相关视频资料请扫书后二维码。

 思考与实践

根据自己班级的情况，完成一份班级情况分析报告。

表2-4　班级情况分析报告

班级概况：

（续表）

优缺点分析：
跟进措施：

第三篇

管理班级

第一章　成为一个班级管理者

班级是学校管理中最基本、最基层的单位。学校管理工作重要的一个方面就是班级管理。只有加强班级管理，才能有效提升班级建设工作的水平。但是如何管理好班级里几十个学生，管理好班级的日常事务，这是摆在每一个班主任面前的实际问题。

一、班主任要有一双善于发现的眼睛

当任课教师遇到无法处理的学生问题时，都会找班主任帮忙解决，因为在大家的心目中，班主任对班级学生的性格脾气最为清楚，最有办法针对性地解决每一个孩子的问题。的确，班主任是和学生在学校里相处时间最久的人，从早晨进入班级到中午陪伴学生吃饭，直到放学送孩子离开校园，在这个过程中，班主任

一直和学生在一起,这就需要班主任有一双善于发现的眼睛,关注班级中每一个孩子的情况。

比如,低年级的孩子上课时看上去无精打采,午餐没有胃口,班主任就可以去摸摸孩子的额头,如果发现异常可以带孩子到医务室量一下体温。再比如,平时说话很爽气的孩子,今天没有交作业,当老师问他为什么不交作业,他就变得支支吾吾,作为班主任可以深究一下是不是孩子有什么事情瞒着老师。

当班主任有了一双善于发现的眼睛,就可以观察到学生身上的变化,捕捉到孩子身上细微的进步,并及时给予鼓励;发现孩子身上小小的改变,及时引导,这样就能够使班主任成为一名好的管理者。

二、班主任要有一个善于思考的头脑

班主任管理着一个班级,班级中有着几十个不同个性、各有特长的孩子。班主任不能把自己看作流水线上的生产者,用统一的模式与方法对学生进行教育。班主任应该善于思考,要用不同的教育方法面对不同的孩子,面对不同学生的问题,要用不同的解决办法。

比如,同样是学习成绩不理想的问题,如果一个学习成绩一贯优秀的孩子,突然出现了明显的退步,班主任就应该找到问题发生的原因,是学生的家里发生变故影响了学生的学习?还是学生受到了干扰(如电子游戏)?对于学习成绩一直不理想的孩子,班主任就该想想,是不是学生的学习能力、学习态度存在问题,找到对策,帮助学生进步。

再比如,很多家长反映学生出现乱花零花钱的现象,班主任除了传统的说教之外,是不是可以想想通过开展活动帮助学生认识节约零花钱的重要性,也可以开展一些财商教育,提高学生管理零花钱的能力。

因此,班主任要有善于思考,善于用最适合学生的方法开展教育活动,提高教育的实效性。

三、班主任要有一股善于学习的干劲

作为一名老师，在踏上工作岗位前都会接受很多专业知识、专业技能方面的培训，但是很少有人接受过如何做班主任的培训。踏上工作岗位后，学校给青年教师配备了带教师傅，主要也是从学科带教入手，班主任的带教工作相对比较少。很多青年教师踏上工作岗位时，被学校要求做班主任都是很害怕的，因为他们不知道怎么做，只能硬着头皮边做边学，班级管理中的问题也一个接一个地出现了。

同样，对于做了很多年班主任工作的老师，也会遇到类似的问题，时代在发展，社会在进步，如今的学生和很多年前的学生已经不同，出现了以前不会出现的问题，家长也和以前不一样，班主任在处理问题时常常感到力不从心。

这些问题的出现都证明了一件事情，新时代的班主任必须要有一股善于学习的干劲，只有不断学习，才能应对一个个新的问题，接受一次次新的挑战。

四、班主任要有一个善于反思的习惯

作为一名学科教师，撰写教学反思是很多老师经常会做的事情，每一次课后的反思都能促进教师更快进步。

班主任也非常需要养成一个善于反思的习惯。无论是解决了一次班级问题，开展了一次教育活动，还是处理了一件突发事件，班主任都应该进行反思，反思自己在整个过程中哪些环节处理得很不错，同时也要思考，哪些环节处理还欠妥帖，也许改用其他的方法更为有效。

反思习惯一旦养成，能使班主任更好地调整自己的工作方法，提升班级管理的能力。

> 班级的班规如何制定？班级能否有自己的奖励和惩罚措施？我们来看看下面这位班主任是怎么做的。

案例一　班级奖励与惩罚措施

班主任的工作是纷繁复杂的，但是为了更好地管理自己的班级，我在班级里运用了一些奖励与惩罚的措施，并收到了一定的成效。但是我发现，奖励和惩罚要真正达到管理班级的目的，还是需要动脑筋的。

在奖励学生的时候，不管班主任采取哪种方式，都要注意以下几点：

1. 奖励要有始有终

无论是哪种形式的奖励措施，应该都有始有终，哪怕坚持一个学期也是一种坚持，应该让孩子感受到老师所制定的规定是经过慎重考虑的。当然，奖励的形式在实际操作的过程中，可以进行略微调整，但是要和学生说明，并要坚持实行，否则奖励措施就无意义。

2. 每天安排一些固定的奖励内容

作为家长，特别是低年级学生的家长很想了解学生在学校的表现，恨不得在教室里装上摄像头随时了解孩子的情况。因此，班主任可以把学生每天在校的表现用奖章的形式进行固定奖励。比如，上课认真听讲可以得到"听讲章"，积极举手发言可以得到"发言章"，书写端正可以得到"写字章"等。这既鼓励了学生，也让家长通过学生得到的奖章数量了解学生在校的表现。

3. 安排一些强化奖励

当学生做出某种好的行为时及时对其进行肯定，这在心理学上叫"强化"，及时强化，能起很好的激励作用。比如，班级得到了流动红旗，或是得到任课老师的一致好评，班主任可以给每一个孩子一个"荣誉章"，给予大范围的奖励，鼓舞班级的士气。

4. 奖励不能过多，以免产生消退作用

一开始奖励的频率可以高一些，然后逐渐减少。过多的奖励，会让学生过分依赖奖励，导致一旦没有奖励，就产生"消退现象"。

有一个故事，说的是一位外国退休老人，在一所学校附近买了一栋住宅，准备安度晚年。最初的几个礼拜，他过得很平静，但后来因为三个年轻人天天来踢附近垃圾桶，这位老人便再也不得安宁。

这位老人受不了他们发出的噪音，便出去跟这几个年轻人谈判："你们几个年轻人玩得真开心！我喜欢看你们像这样表达欢乐之情。我年轻的时候也常常做这样的事情。如果你们每天过来踢垃圾桶的话，我就每天给你们每人一块钱。"

这三个年轻人很高兴，他们使劲踢所有的垃圾桶。但过了几天，这个老人满面愁容地告诉他们："通货膨胀减少了我的收入。从现在起，我每天只能给你们每人五毛钱了。"

这几个年轻人不太开心，但还是接受了老人的钱，每天下午去踢垃圾桶。一个礼拜后，老人再次找到他们："我最近没有收到养老金支票，所以每天只能给你们两角五分了。""只有区区两角五分？"一个年轻人大叫，"你以为我们会为了区区两角五分，浪费时间在这里踢垃圾桶吗？我们不干了！"

从此以后，这个老人又过上了安宁而快乐的日子。

对某一行为的奖励，一般说来是对该行为的一种强化。但这位老人却运用奖励这一手段，达到了消除奖励行为的目的，这是为什么呢？这就是斯金纳提出的"消退原理"。针对讨厌的行为，不仅要"纵"之，还要"奖"之，即"欲除故奖"。有的教师在管理学生时凡事必有奖励：上课举手回答问题有奖、作业工整有奖、取得好成绩有奖、积极参加班级活动有奖。老师的本意是用奖励激发学生更多好的行为，但结果却使学生对奖励产生依赖心理，在行为上越来越不自觉。所以，过多的奖励可能会导致学生把本来的学习目标置之脑后，专注于当前的奖励，甚至把得到奖励看作学习的目的，如若没有奖励，则不再努力学习，产生行为的消退。

5. 使用奖励的最佳时期

孩子往往根据短期的可预见结果来调整自己的行为。在培养学生养成一个新习惯时，有必要在学生每次表现好时给予奖励，一旦他们养成了这个习惯，就可以将每次奖励变为间或奖励，以鼓励他们把好习惯保持下去。

6. 使用奖励时要有侧重

使用奖励时，应侧重奖励学生所做出的努力与进步，因为侧重奖励个人的努力与进步，可以激励学生克服学习上的困难。

奖励是一种有效管理学生的好方法，那么是不是对学生的管理不能使用惩罚？对于教育来说，激励不是万能的。就如"没有爱就没有教育"一样，没有惩罚同样没有教育。

惩罚是在某种行为发生后，对于行为者给予一定的具有减弱某种行为倾向的刺激。行为主义者认为，它是对个体施加讨厌的刺激，以减少或遏止不良的行为。

惩罚是不可缺少的教育手段，没有惩罚的教育可以说不是完整的教育，但是我们鼓励的是善意的惩罚，是为了帮助学生纠正行为偏差进行的惩罚。因为，人并不是完全自觉的，对未成年的学生来说更是如此。教师为了提醒孩子不再犯同类错误，惩罚是必需的，而且对违规违纪的学生进行适当的惩罚，对被惩罚的学生有利，对他人更是一种保护。但是班主任在惩罚时，既要有原则性，又必须有一定的灵活性。

1. 惩罚要充满爱心

有经验的班主任都会有这样的体会，当学生意识到班主任是真心爱护他、关心他、为他操心时，无论是严肃的批评还是必要的惩罚，学生都会乐意接受。这就是所谓的"亲其师，信其道"。相反，如果班主任没有取得学生的信任，那么即使教育目标正确，教育方法科学，教育也无法达到预期效果，师生没有相互信任，学生面对班主任的教导就无动于衷，还会产生抵触情绪和对抗行为。这种感情上的相悖，怎能教育好学生？

2. 惩罚要掌握尺度

教育惩戒是一把双刃剑，因此达到一定的目的即可，不可求全责备。如果惩戒过头就会变成体罚。在对学生进行惩罚时，要充分考虑孩子的承受能力，同时对惩戒的过程要多监控，多反思。如班主任用罚款代替惩戒，让有偷窃行为的学生公开亮相等，这种惩戒教育的方式就是不合理的，也极容易引起学生反感。

3. 惩罚要因人而异

古人云："治人如治病，得其方，药到病除，不得其方，适得其反。"惩罚，一定要讲究艺术，一定要做到公平合理，在"罚"的过程中培养学生，能使学生的某些方面在"罚"中取得进步。"罚"不是目的，育人才是根本。

通过"罚"的手段让学生认识错误，加深印象。比如，对于不交作业的学生罚他补交作业，对于不做早操的学生罚他补做早操，对于损坏公共财物的学生要罚他赔偿，这些都是必要的惩罚。在惩罚前，老师必须给学生讲清道理，为何要惩罚他，这样做为什么不对，让学生被罚得心服口服。一旦学生改正了错误，老师应该及时给予鼓励，使他在全体学生面前找回自信。这对接受惩罚的学生约束自己的行为大有益处，还会使之受益终身。

惩罚并不排斥肯定与表扬，教师要敢于打破成见，就事论事，学生一旦有了进步就要加以褒奖，一旦有了进步就要及时肯定。如此就能加深学生对惩戒的印象，促使学生理解教师对其实施惩戒的良苦用心，有利于惩戒作用的充分发挥。

总之，对学生的奖励或惩罚是一把双刃剑，运用得不好会适得其反。班主任在操作时要把握好尺度，而且要善于发挥学校的主导性，体现班主任与学生的主体性，才能真正达到预期的效果。

第二章　管理班级的途径

"管理"原本的意思是一个组织中的管理者，通过实施计划、组织、领导、协调、控制等职能来协调他人的活动，是别人同自己一起实现既定目标的过程。但是，"管理班级"并不是突显班主任作为班级管理者的能力，而是要求班主任在整个过程中发挥组织、协调以及调动学生积极性的能力。让学生在老师的引导下，把班级当作"家"，那么这样的班级一定是充满和谐、友爱和活力的集体，一定有非凡的凝聚力和创造力，一定是一个优秀的班集体。

作为班主任，为了更好调动每一个学生的积极性，还要注意营造良好的班级情感氛围，让学生在班级里感受彼此之间的关心、帮助，感受班级带给自己的温暖，产生归属感。

管理班级需要的是心的交流和情感的共鸣。学生并不是靠"管"出来的，只有每位学生把班级当成"家"去细心呵护，并努力为之争光，班级管理才是成功的。

一、创造和谐的班级环境

苏霍姆林斯基说过："只有创造一个教育人的环境，教育才能达到预期的效果。"心理学研究认为：自然环境对人的影响主要是通过客观现实对人的心理产生影响。班级环境是学生受教育最直接、最重要的影响源之一，这也是我们通常强调的环境育人。班主任可以从班级卫生、板报、橱柜、植物等多方面创造良好的班级环境。

1. 打扫班级卫生

一个班级的桌椅摆放整齐、地面干净，无论是坐在里面上课的学生，还是站在讲台前上课的老师都会心情愉快，也会更有精神投入到课堂学习互动中。反之，脏乱差的环境会起到反作用。

可是，谁来让这个教室干净整洁、窗明几净？靠班主任一个人的力量一定是不够的，需要全体学生共同参与。怎么来安排值日生工作，是班主任创设良好的班级环境的首要工作。

首先，班主任应该调动每一个学生参与班级卫生工作的积极性。从一年级建班之初，班主任就应该让学生明白班级不是班主任一个人的，是班级里每一个人的，所以全班学生都应该为建好这个班级努力。

刚入学的低年级学生也许不会打扫卫生，这就要求班主任手把手地传授学生扫地、擦黑板、把桌椅摆放整齐的技巧，告诉他们垃圾收集的地点，随后根据学生打扫卫生的能力，把学生分成值日小组，轮流打扫班级卫生。为了提高学生打扫卫生的积极性，班主任可以开展每日优秀值日小组的评比，这样既能提高学生打扫卫生的积极性，又培养了学生小组合作的意识。

其次，除了每日值日生的安排，班主任还应该教育学生明白值日生的工作很辛苦，所以大家应该珍惜劳动成果，不要在教室里随意丢垃圾，把整齐的桌椅弄乱，保持教室卫生的干净整洁，营造舒适的学习环境。

2. 布置班级

教室里除了学生的桌椅、讲台、黑板之外，还有很多空白的版面以及写板报的地方，这些都是班主任在管理班级时可以充分运用的。教育家杜威就曾说过："想要改变一个人，必先改变他的环境，环境改变了，他就被改变了。"通过班级环境的美化，会对学生的身心产生潜移默化的影响，其潜在作用是难以估量的。

教室布置的总体要求是干净、整洁、美观、有班级特色、符合学生年龄特点。

如教室后墙上的黑板报一月一期，要求主题鲜明、图文并茂、排版新颖、书写规范，如有损坏及时修补。黑板报的上方可贴班训、班风等主题词。如"一分耕耘，一分收获""做文明学生，创文明班级""好好学习，天天向上"等。

教室左右的空白墙壁上可以结合班级活动开设特色栏目，如"学习园地""雏鹰争章"等板块，其中可展示学生成果作品或是活动照片、佳作美文等，也可以张贴名人名言或警句格言，营造学习气氛。班主任也可以把课程表、卫生值日表、班级公约等统一粘贴在醒目位置。

3. 整理班级橱柜

班级如果够宽敞，除了桌椅、讲台之外，还可以摆放一些专用橱柜，放置一些班级的用品。

教室里的橱柜可以留出几层成为班级的图书角，让学生从家里带一些书放在班级里互相借阅，培养学生良好的阅读习惯。为了让书本保持整齐，班主任可以安排一些学生担任班级图书管理员。

班级里还可以摆放一个小药箱，里面放一些花露水、创可贴等小物件，当学生被蚊虫叮咬就可以及时涂抹。

有时，老师批完的作业还没有发到学生的手上，就可以暂时摆放在班级的橱柜中。

4. 养殖绿色植物

绿色植物不仅可以改善空气质量，还可以让人放松心情，调节视觉疲劳。班主任可以在窗台上或是橱柜上摆放一些绿色植物，如绿萝、吊兰、多肉植物等，这些植物不仅很容易种植，还可以对班级环境起到很好的美化作用。班主任可以安排学生担任班级植物角的管理员，定期为班级植物浇水。

二、塑造良好的班级文化

班级文化的塑造，是一个复杂而系统的工程，不可能一蹴而就。一个优秀的班集体是培养优秀学生的沃土，想要建立一个优秀的班集体，必须形成良好的班级文化。班主任的处事原则、工作风格、教育教学的方式方法等，都决定着班级文化的形成。

　　班级文化的建设对于学生的生活和学习，以及身心健康发展，都起着重要作用。班级文化是一个班级特有的、占主导地位的行为习惯和群体风尚，它的特点是稳定且具有导向性的。从心理学角度来说，人的一切活动，无论是心理活动还是行为活动，都是受一定的环境条件激发和制约的。当然，人的活动也同样作用于环境，改变着环境。这种对人的心理产生影响的环境因素，逐渐在人们的头脑里转化为某种观念。对这种以观念形式存在于人们心理上的环境，称为"心理环境"。班级文化就是通过班级外部社会文化因素的渗透和班级成员个体心理特征的整合在长期的班级工作中形成的，它是客观存在于班级系统内部的一种潜在影响班级成员思想言行的精神力量和心理氛围。

　　班主任从一定社会要求和班级成员的实际出发，并与自己的教育价值取向融合，对班级成员施加影响，引导班级向好的方向发展。班主任可以引导班级学生形成自立、自强、自主的班级文化，也可以引导学生形成积极向上的班级文化，还可以引导学生形成严肃、认真的班级文化或者活泼、和谐的班级文化等。

　　无论是哪一种班级文化，都需要班主任不断地反思、调整和改进，也需要班主任有灵活的方法和创新意识，班主任要采取各种手段打造符合班级学生特点的班级文化。

三、制定有效的班级制度

　　俗话说得好，"绳以规矩，始成方圆。"对一个班级的管理者来说，没有一套行之有效的制度是很难想象的。班级管理制度必须规范、合理、适用。规范是要求符合学校的规定，合理是要体现公平、公正的原则，适用是要与班级情况相适应，要符合学生的心理特征和认知水平，要有可操作性。

　　很多班主任制定了班级的制度却没有发挥作用，相反，有的班级还因为在执行制度的过程中引发了冲突，产生了不好的后果。因此，班级制度的建立必须体现公平、公正、公开的原则。

　　中高年级的班主任应该组织学生共同讨论，制定班级制度，如果是低年级的班主任可根据学校基本要求制定班级管理制度，再交由学生讨论。其实，学生的讨论不见得会对老师制定的管理制度作多大的改动，但经他们讨论认可的规定更加容易被他们接受。因为学生，尤其是小学中高年龄段的学生的心理特点往往决定了他们在内心会潜意识地排斥老师"强加"的东西，所以讨论的过程对他们来说是一次自己做主的机会，他们受到了尊重，自然在心理上接受起来也就比较容易。尤其在新建班级之初，在班主任的指导下，再经过学生的集体讨论，这样得出的班级制度很顺利能够在班级里得以实施，而且因为是学生讨论的成果，所以即使学生违纪后也不会再有什么异议，这对班级的管理是非常有利的。

此外，在宣布纪律、布置任务时，班主任必须要有威严，使学生感觉到制度和纪律的威慑力。这样，师生之间才能敞开心扉，达到共同建立和谐班级的目的。

> 只要班主任善于动脑筋，都可以根据班级学生的实际情况，以及自己的教育特长或是学科特点对学生进行行为规范教育，让我们一起看看下面几位老师对学生开展行为规范教育的案例。

案例二　用故事拨动学生心弦

班主任的工作辛苦而琐碎，当好班主任的首要条件就是对学生进行德育教育，使学生在教育中感受到教师的爱，养成良好的道德品质和行为习惯。

班主任几乎每天都要处理学生中大大小小的事情，更要随时随地对学生进行思想教育，在日常的教学实践中我发现，现在的学生对说理式的德育教育已经非常熟悉，空泛的例子和讲话无法使他们产生心灵的呼应。于是，我时常问自己：什么样的教育才能有效地与班级学生沟通？

很多班主任都在用自己的经验管理班级，作为一名青年班主任，我想到了通过叙述具有德育意义的故事，把德育要求隐藏在生动的故事和情景之中，让学生感悟明理。

有一次，针对学生闹矛盾、不谦让的现象，我问他们："你们爱听故事吗？"这时，孩子们来了精神，于是，我讲了一个故事：1912年4月14日，当时世界上最大的客轮——"泰坦尼克号"在航行中船头被坚硬的冰山撞开一个大洞，冰冷的海水汹涌而入，乘客们从梦中惊醒，船上一片混乱。人们急忙将救生艇放到海里，让妇女和儿童先上救生艇。这时，灯灭了，有的孩子找不到妈妈，有的妻子寻不着丈夫。救生艇正要划开时，大船的船舷边忽然响起了一位妇女祈求船艇带上她的叫声，她一定要跟自己的孩子一起走。可实在没有地方了，再载上一个人,大家都得完蛋。僵持中,忽然有只纤细的手拍了拍她的肩膀,她抬头一看,原来是位要回美国的姑娘,"让我回到大船上去吧,"她平静地说,"我没有孩子,还没有结婚呢"。人们迅速帮她回到了大船上,又扶着那位母亲走上了小艇。救生艇刚刚划开,"泰坦尼克号"在一声巨响中沉没了。

教室里非常安静,学生们听得聚精会神,这个故事深深地震撼了他们,也让孩子们陷入了沉思。

学生们爱听故事,班主任可以把故事应用到学生的品德教育之中,让他们在愉快的故事之中受到教育、受到熏陶、受到启发,形成良好的道德情操。

从此,我经常用讲故事的方法,对犯错的学生进行教育、引导。当有的学生答应别人的事没有做到时,我就给他们讲狼来了的故事;当有的学生不懂礼貌、不尊敬老师时,我就给他们讲程门立雪的故事;当有的学生不遵守纪律时,我就给他们讲邱少云的故事。

通过讲故事,对学生进行品德教育,寓教于乐,寓教于趣,潜移默化,事半功倍。

育人为本,德育为先。作为一名班主任,要有智慧,要把德育要求隐藏在生动的故事和情景之中,用一个个德育思想的小故事感染学生,影响学生。这样,教育的目的也就水到渠成。

案例三 高年级大胆放手及时引领

多年的班主任工作经验,使我深深懂得小学阶段是人成长的起步阶段,也是基础素质形成的开始阶段,而良好的班风班貌是各种好习惯养成的基础。抓好学生的日常行为习惯,是班主任最重要的工作。

之前,对于班级中个别学生行为习惯较差的同学,我常常采用的是直接与孩子个别谈话交流、与家长交流或者与副课老师保持联系等方法,逐步使这些学生认识到行为规范的重要性,并能够从为了集体的角度出发,逐渐形成良好的行为规范。

进入五年级,我发现学生的自我管理和自我约束能力逐步加强。新的教育理念也告诉我,要把更多的自主权还给学生。充分发挥学生的才能和智慧,让学生学会自我管理和自我教育。这不但能使班主任从繁重的班级管理事务中解放出来,还能使学生得到锻炼,从而培养其他方面的能力,可以说是一举多得。

学校大队部的工作要求中有一项:各班抓住薄弱环节,开展行规教育。

利用这一契机,我把这个机会给予了班中的中队干部,请他们商量该如何落实并做好这项工作,开展活动督促班内学生养成良好的行为规范。这次的干部会议由班长主持,我作为旁听者参与。除却一开始的犹豫和忐忑,孩子们并没有因为我在一旁而拘束。大家出主意从开展什么活动、该怎么奖惩一一进行布置。我们班的行规教育活动在小干部们的带动下顺利开展。

(1)开展"照镜子"活动。开学初,在班长的带领下开展"照镜子"的主题活动。全班以小队为单位,各个小队成员交流自己在行规方面的表现,谈谈自己做得好的地方和需要改进的地方。比如,有的小队觉得自己小队的成员在尊老爱幼,友爱同学方面做得比较好;也有同学觉得自己小队的成员在爱惜粮食方面做得不好,常常有很多剩菜剩饭。

(2)设计行规小报。由小干部负责,设计并制作班级行规小报,且编写了三字歌:集合时,快静齐;做值日,要积极;个人事,应自理;家务事,要学习;上课时,用品齐;敢发言,多动脑;不旷课,不迟到;对老师,有礼貌。行规小报张贴在教室里显眼的地方,每日提醒着大家。

(3)开展评比,树榜样。良好的榜样有着积极的促进作用,结合每周大队部的行为规范"示范星"和"进步星"的评比工作,小干部们会评选出行为规范示范星和进步星,在全班面前表扬并颁发小奖状。

(4)我和伙伴齐进步。为了让班级中的学生能更好地养成良好的行为规范。小干部们还设计了一个找合作伙伴的活动。每个同学都找了一名"合作伙伴",平时两人互相督促、互相提醒。比如,小董和小廖就是一对合作伙伴,以前小董常常没完成作业就和小廖一起玩,自从她和小廖成为合作伙伴后,小廖每次和她玩之前都会问小董:"作业做好了吗?"在小廖的督促下,小董改正了之前的不足,课间玩耍之前已经把该做的作业都完成了。小廖之前也比较爱发脾气,小董也会常常劝告她。慢慢地,小廖自己也觉得在小董的督促下,爱发脾气的毛病有所改善。事实证明,有的孩子更愿意听从合作伙伴的善意劝告。当然,班级也会评选出"最佳合作伙伴",进行表扬并颁发奖品。

(5)奖惩并行,促进步。班级的日常行规教育也和班级内的日常评比相结合,在橱柜上张贴着每日行规表格,每天会有小干部作记录,以加分、减分形式督促孩子们养成良好的习惯。每满50分,可以获得相应的小礼物奖励。犯规严重的同学，则要摘抄部分《小学生行为规范条例》并背出摘抄的条例。

除了日常评比外，当班级中有特殊情况发生，我也会让学生进行交流，及时利用道法课和班会课进行集体讨论，让孩子们分析现象、辨别是非、讨论解决的方法。让所有的同学都明白什么事该做，什么事不该做。

本学期，我尝试着让孩子们在自主管理中进一步养成良好的行为规范。虽然，一开始还是需要班主任引领着，但小干部们的进步显而易见。开展什么活动、怎么处理突发事件、怎么奖惩更公平……孩子们思考的问题越来越全面，提出的意见和建议的可行性也越来越高，想出的解决办法也越来越多。虽然只是小小的尝试，但给予学生这样的机会总会有成效。尽管学生的行为规范还有不如意的地方，但已在原来的基础上有所进步。

"指导学生安排好下课十分钟"相关视频资料请扫书后二维码。

思考与实践

制订一份针对自己班级学生开展行为规范教育的具体计划。

第三章　班干部的选拔和培养

班干部能协助班主任管理班级，更重要的是，通过设置班干部，能提高学生自我管理班级的能力。因此，不管班级中实行怎样的班干部选拔制度，班主任都要做好班干部的指导工作，让他们尽快成为老师的好帮手、同学的领头羊。

一、班干部在班级中的主要作用

（1）桥梁作用：由于班干部来自于学生，平时和同学们一起生活、一起学习，他们最了解班级成员的想法和要求，最清楚班级中发生的事情以及情况，班干部把这些及时、准确地反映给班主任，有利于班主任掌握班级情况，开展工作。

（2）带头作用：班干部往往是班中自觉遵守行为规范，认真学习的优秀群体，通过班干部的先锋模范作用，可带动中游学生，帮助落后学生，使大家一起进步，从而提升整个集体。

（3）助手作用：有工作能力的班干部一定是老师的好帮手，他们可以协助班主任组织班级活动，开展班级工作。

二、班干部的选拔

1. 确定选择标准

班干部一定要通过民主选举产生，成绩、纪律不能成为评选干部的唯一标准。班主任还要在日常活动中发现具有组织能力和号召力的学生并注意培养，使他们在同学中更具威信。

在选举时，应符合以下三点：

（1）乐于助人，积极主动为集体服务。有些学生自身优秀，却不怎么热心班级事务，选举时要提醒学生注意这一要求。

（2）有一定的组织能力和威信。班干部是班主任的小助手，需要一定的工作能力，当然，工作能力在工作过程中可以通过老师有意识地培养得到提高。

（3）遵守纪律、成绩出色，能起到榜样作用。这是班干部最基本的要求，只有遵守纪律、学习认真的学生才能起到很好的榜样作用。

2. 讲究选举方式

班干部是通过民主选举产生的，如果任由学生自由推荐，可能并不全面。因此，班主任要多与任课老师交换意见，在日常教学和各种活动中进行观察，通过各种途径全面了解学生，确定基本对象。

新接手的班级选拔班干部之前，班主任可以先统计有意参选的学生，并给每人准备一本积分本，根据学习、纪律、工作等方面的表现加上相应的积分。在选举之前进行反馈，既让大家了解这些同学在各方面的表现，也为优秀同学树立了威信。

3. 确定评选过程

（1）鼓励参选：大部分学生喜欢做小干部，但有的学生可能会有"无官一身轻"的消极思想和"当干部影响学习"的片面认识。因此，老师要鼓励学生积极参与班干部的选举，也要注意做好个别学生家长的思想工作。

（2）自愿报名：班主任在评选之前要了解参选情况，对于有些能力比较强的学生可以提前做好工作。

（3）竞职演说：候选人进行演说，向同学推荐自己，也可以说说自己当选小干部后如何开展工作。

（4）民主投票：每个同学都可参加投票。为体现公正，要无记名投票。为了体现老师也是班集体中的一员，在选举前，可以向学生说明班主任老师和各科老师也有选举权。

（5）当场唱票：请几位没有参加竞选的同学进行唱票、计票，并注意保留原始选票，以备在家长或学生对选举结果产生疑问时复查。

（6）其他事项：

①小干部人数：大队干部 1-2 人，中队干部 5-7 人，小队干部 6-8 人。一年级可以先不设大队长。考虑到有些需要表决的环节，因此中队干部一般安排单数人选。进入中高年级后，大队干部是全校统一选举，可根据选举情况，适当调整人数。

②可以先按人数选举班干部，再商议具体职务分工。选举时，可以是大、中、小干部统在一起选，也可以是分批先选举大、中干部，再进行小队干部选举。

三、班干部的培养

1. 合理分工，明确岗位职责

选举结束后，先召开一次班干部会议，进行合理分工。一般要确定班长、副班长、学习委员、文娱委员、体育委员、劳动委员、组织委员等职务。有了明确、具体的分工，在开展工作中他们就能各司其职。当然，班主任也要告诉他们，既要各司其职，也要通力合作。班主任要注意营造平等、和谐的氛围，将自己置于聆听者的位置，引导班干部们各抒己见，畅谈想法，并给予合理的建议。

分工一般可以根据班干部的特长，如擅长体育的可以担任体育委员，能歌善舞的可以担任文艺委员。当然，有些岗位也可根据工作内容和要求确定人选，如学习委员，早上需要管理早读，提醒大家按时上交作业等，平时到校较早的班干部担任这个岗位的工作比较合适。

2. 培养自信，锻炼综合能力

班主任要多给予班干部锻炼的机会，这样才能尽快提高他们的综合能力，顺利完成各项任务。

首先，要加强班干部自信心的培养，使其敢于大声说话。有些班干部学习成绩很好，人缘也很好，在同学中也享有一定的威信，头脑灵活，经常能出谋划策，但就是不敢大声说话，尤其是站在全班同学面前，面红耳赤，吞吞吐吐。仔细分析他们不敢大胆说话的原因，归根到底是缺乏自信心。为此，班主任要给班干部提供大胆说话的机会，让他们在实践中锻炼。

班主任还要包容班干部在工作中出现的错误，允许出错，不要一出错就大声批评，这样会挫伤班干部的自尊心。

其次，每次学校、班级开展的活动，要让班干部发挥积极性和主动性，加快其自身能力的提高。

3. 召开会议，提高责任意识

在工作过程中，班主任或者中队主席要经常召开班干部会议，让班干部交流工作情况。班干部例会，既可以给小干部提供陈述工作情况的平台，也可以及时了解小干部工作中存在的困难和问题，教给方法，及时解决。

大队部以及学校、班级开展的活动，需要各个小干部分工完成。因此，召开中队例会，可以由中队主席布置每个小干部负责的工作。例如，围绕学校工作主题，宣传委员负责的黑板报内容是什么，文艺委员负责的十分钟队会安排在哪一天开展，班级活动资料需要哪些内容，怎么收集，由谁负责，等等。

有时，班干部例会也可以讨论活动方案。例如，组织一次与低年级同学的手拉手活动，班主任应该在肯定班干部积极参与的同时提醒学生注意要实际活动的时间、低年级学生的年龄特点，活动过多或过于复杂都会影响活动的效果。

班干部例会也可以开展自评和互评。只是在开展自评、互评会议时，应该选择其他同学都不在的时候，班干部在小范围内进行互评与自评，这样不会伤害班干部的工作积极性，也保护了他们在同学中的威信。

4. 加强指导，增强管理能力

对于新选举出来的班干部来说，班主任要"扶着走"，要耐心指导，手把手地教。年级越低，越得细心指导。等他们有了一些工作经验后，就可以"领着走"，让他们先讨论如何开展活动，班主任进行适当指导，这样班干部们会逐渐成熟起来。这时，班主任应放手让他们大胆地工作，即"放开走"。"放开走"并不是撒手不管，班主任要表扬敢于独当一面的干部，形成干部主动参与管理的氛围。

班干部要想在同学中树立自己的威信，更好地为大家服务，必须处处做大家的榜样。他们应该是遵守纪律的模范，是积极参与学校班级活动的表率，在学习上要踏实主动、在与同学的交往中懂得谦让、老师不在时要敢于负责。

同时，也要加强方法的指导。例如，负责出板报的宣传委员是个害羞的女孩子，每次出板报都有很多同学前去帮忙，她不会拒绝也没有分工，导致各自为战，效率很低。班主任发现这个情况后，没有批评宣传委员，而是让她说一说每期板报几名同学负责最合适，怎样分工。在此基础上，宣传委员出了一张简单的海报，写明招募的人员、具体工作等，然后将报名的人员分成两组，轮流出板报。这样一来，效率提高了，同学间的矛盾也烟消云散。

5. 明确职责，评比促进成长

没有规矩不成方圆，所有的班干部，在当选之初都会认真地完成自己的任务，但时间一长，可能就会由于各种各样的原因懈怠。为了提高学生的积极性，可以在班级里张贴"班级小岗位分工名单""班干部分工及职责""日常行为规范评比表"，让每个干部明确各自的职责，让每个同学都能了解他们的分工，有事情或问题发生时也可以及时找到对应的班干部。

每学期末，全班同学对班级的班干部进行打分，以笑脸、平脸、哭脸区分，事后进行统计，并在干部会议中进行反馈。在这种竞争机制中，提高了学生的积极性和持续性，让班干部更明确自己的岗位职责，尽心尽力地做好自己的工作，增强责任心。

四、其他同学的培养

除了班干部的选拔和培养，班主任也要注意对于其他同学的指导和锻炼。既给予每位同学展示自己才能的机会，也让班干部有一定的危机意识，从而不断提升自我。

1. 人人有岗位

不当干部，不代表没有机会参与班级管理。班主任要提高每位学生的积极性，给予每个孩子锻炼的机会，可以创设一些小岗位，如各科的课代表、领操员、管理植物的小园丁、图书管理员、眼保健操检查员等。明确每个岗位的职责，在自主选择和适当调整下，使全班每位同学都有岗位。在低年级时，可以让学生佩戴岗位吊牌，增强岗位责任意识。让每位同学参与班级的各项管理，即锻炼了学生的能力，也培养了学生的责任感。

2. 设立值日班长

值日班长工作也是很多班主任锻炼学生能力，让更多学生参与班级事务管理的常用方法。值日班长每个星期由一位班干部以及一名普通同学共同担任。大队长、中队委员以及小队长自己选择一名普通同学，然后排好顺序，一个学期的安排在开学初就完成。两位值日班长从早读开始，统筹管理班级人员，纠正不文明的行为，提醒同学遵守各种规章制度，起到监督、带头的作用。

为了使学生清楚值日班长工作的内容与要求，可以设计一张值日班长工作记录表，写明需要完成的工作，值日班长在空格中打"√"标记。"表扬"和"提醒"两项中可以记录同学在行规方面的表现，以便班主任及时了解班级情况，及时教育学生的错误行为。

3. 班干部轮流当

为了使人人有参与和锻炼的机会，还可以尝试班干部轮流做。一、二年级的学生年龄偏小，能力有限，班干部往往是在老师指导下作为班主任的助手开展工作的。进入中高年级之后，学生的表现趋于稳定，能力有所提高，这时的班干部往往能够独当一面工作，自主开展。因此，干部轮流可分成低年级和高年级两次进行。一、二年级轮流一次，三、四年级轮流一次，也就是一年级当班干部的二年级就暂时不参加，三年级当选的四年级就暂停一次。

在竞选班干部之前，班主任可以找"老干部"进行谈话，肯定他们的工作，也提出希望他们能给予班级内其他同学更多锻炼的机会。

这样一来，二年级、四年级的班干部都是新手，班干部的能力直接关系班级各项工作的开展，所以班主任可以先让前一轮的老干部与新上岗的班干部结为"合作伙伴"，一起完成各项工作。

4. 小队活动展才能

三年级需要创建"雏鹰假日小队"，每个小队自主选举了雏鹰假日小队长。小队长不与班干部重复，这样就能让更多的学生得到锻炼的机会。

在各项活动中，学生们锻炼了各自的能力，这有利于班主任发现更多的优秀学生成为班干部的后备军。

选拔、培养班干部的最终目的是让班干部能独立开展工作，使班级管理由保姆式管理过渡到学生自主管理。当然，选拔、培养的方法和途径有很多，只要适合自己班级的实际情况，班主任都可以进行尝试。

> 通过选举产生的班干部，通常是班级里的佼佼者，在平时的班级管理中是班主任的小助手，是班级建设的参与者，那么当班干部出现问题时，班主任应该怎么做？

案例四　处理班干部和同学的打架风波

上午第二节课，小王急急忙忙跑来告诉我："章老师，不好了，小吴和小李打架了，把桌子都弄翻了。"我听了很吃惊，小吴怎么会和小李打架？小吴可是一名班干部！

我连忙赶到教室，同学们已经在劝架了。两个人终于被拉开了。因为马上要上课了，所以在全班面前我没有多说什么，只是告诉他们先上课，中午会找他们。

其实，我真想把他们两个叫出来好好批评一顿，但理智让我马上镇定下来，喝了一口水，我告诉自己其中一定有原因，不要因为冲动而把事情弄糟。

午饭后，我把他们请到办公室："你们谁能说说事情的整个过程？"小李先说：

"下课的时候老师把作业本发了下来,可是我找不到自己的,发现小吴正拿我的本子在看。他知道我平时错误率高,看我的本子就是为了嘲笑我,我一想到这里,便去踢他的书包,结果就打了起来。"

"是这样吗?"我问小吴,他并没有回答。我当时挺生气的,这件事情从小李的讲述可以判断小吴肯定有错在先,作为一名班干部,我多希望小吴可以申辩一下,可是他没有。

"那么,你有错吗?"我问小吴,他点点头。

这时小吴终于挤出了几个字:"其实我只是想看看他的成绩,没有想嘲笑他。"一旁的小李插道:"他看完了肯定就要嘲笑我了。"小李看我在批评小吴,继续"火上浇油"。

"我没有。"小吴争辩,"我只是想看看别人的成绩,没有想嘲笑别人。"

"那么看别人的成绩就对了吗?本子是别人的,没有得到别人同意就随便拿别人的本子对吗?"听到这,小吴向小李道歉:"对不起,我错了。"

"那么小李,你去踢别人的书包对吗?"刚才还有一些得意的小李立刻没有了声音。

"我……"

"小吴没有经过你的同意就看你的本子是他错了,可是你也错了呀。"

听到这里,小李马上向小吴道歉:"对不起,我也错了。"

"可是,你们想想,还有什么做得不对的地方吗?"我又问。

想了一会儿,小吴说:"我们不应该打架。"

"是的,你们打架的行为不仅影响了自己,还差点影响了大家上课,多不好呀,以后可要注意了。"

在整件事情的处理过程中,老师一直很公平地对待两个学生,无论是班干部还是其他学生,让两个学生都心服口服,起到了很好的教育作用。

案例五　班干部竟然偷东西

小路在老师的眼中一直是一个好女孩,她乐于助人,班级中的任何一个人遇到困难,她都会出手相助;她是班级里的劳动委员,轮到她值日时,总是井井有条,真是老师的好帮手。

这样的一个女孩，怎么会成为"小偷"？

有一阵，班级里的女生开始流行带贴纸，下课的时候，女孩们总是聚在一起交流自己的贴纸，玩得不亦乐乎。直到有一天，小郑哭哭啼啼地告诉班主任，她发现放在书包里的贴纸不见了。

"怎么会不见了？"班主任心里一阵纳闷，说实话，接班到现在还从来没有发生过类似的事情呢！班主任也不相信在班级里会发生这样的事情。

"你确定是不见了吗？"

"嗯，我就放在书包里，然后就不见了。"

调查这件事情有一些难度，因为这件事情不是当天发生的，已经过了几天，调查起来不方便。但是调查这件事情又不难，因为能从小郑书包里拿掉贴纸的一定是一个女孩，而且一定对小郑放贴纸的地方很了解。于是，班主任问小郑："最近常和你一起玩贴纸的是谁？谁知道你的贴纸放在书包的什么地方？"

听了我的提问，小郑马上说："我怀疑是小路。"

"为什么？"我很吃惊她有这样肯定的回答。

"因为最近我们闹矛盾了，而且她的贴纸本和我的很像。"

"是吗？"班主任追问，"什么矛盾？"

小郑说了一些他们之间的矛盾，无非是女孩之间换换东西，你带我玩游戏，不带我玩游戏这类的小事。于是，班主任安抚了她几句，告诉她会秉公处理的。

由于当天小路身体不舒服没有来，所以这件事情就暂时搁在一边，我想等小路来了再解决。

没有想到，周六时班主任突然接到了小路妈妈的电话："老师，我想向你确认小路的毛笔本是否在你那里？"

"没有啊，周五她没有来上学，当然没有交，怎么啦？"我回答。

几秒钟的沉默后，电话那头传来的小路妈妈的声音："老师，小路最近开始撒谎了，今天我让她写书法，她不肯写，说已经交给你了。这不是撒谎吗？之前还发生了几次。"

"小路真的最近开始撒谎了吗？"

"是的，您说她怎么会这样，她在学校是这样的吗？"

班主任考虑了几秒，最终还是把学校发生的关于贴纸的事情告诉了小路妈妈，并让她先别问小路，先去看看贴纸是不是小路拿的，如果是再调查。

小路妈妈满口答应。

到了晚上，收到小路妈妈的短信：老师，贴纸是小路拿的，我们已经批评过她了，周一，她会向小郑道歉的。

周一一早，小路就来到办公室向我承认错误，班主任还没有批评她，她就哭了。这样的女孩，怎么会做这样的事。于是班主任问："你为什么要拿她的东西？"

"因为我们平时会发生矛盾，我不喜欢她，所以……"

"不喜欢别人，就拿别人的东西吗？"

小路一边哭，一边摇头。

"其实，老师知道你们之间没有很大的矛盾，都是些很小的事情，对吗？那么遇到问题讲清楚就可以了。你拿了别人的东西，不仅没有解决问题，反而把问题弄得越来越复杂了，你说对吗？"

小路边哭边摇头。

然后，班主任找来了小郑，小郑一看到小路，又看到她的贴纸本就知道怎么回事了。班主任告诉小郑，小路拿你的贴纸本，并不是想占为己有，只是和你有矛盾，想通过这个方法表达一下对你的不满。其实，你们之间并没有多大的矛盾，都是些女孩子之间的小误会，以后讲清楚就好了，还是好朋友好吗？

两个女孩，手拉着手，点点头，小郑还递了一张纸巾给小路，那一刻，我知道问题解决了。

班干部在班主任心目中常常是个好孩子，所以在班主任的印象里这些孩子不会犯错，甚至当他们犯错的时候，班主任也不愿意相信。但是班干部也是孩子，不可能不犯错，所以班干部犯错的时候，班主任处理问题时更应当细心些，考虑全面些。

"学会填写班干部会议记录单"相关视频资料请扫书后二维码。

思考与实践

找到一个班干部工作中的问题，通过召开班干部会议帮助他们一起解决问题，并完成一份班干部会议记录表。

表 3-1　班干部会议记录单

会议主题：			
会议时间		会议主持人	
出席成员：			
会议记录：			
观摩（或主持）会议反思：			

第四篇

教育学生

第一章　学会与学生交往

如今的学生与以前不同，他们不再"处处听话、事事顺从"。随着年龄的增长，他们的个性也在不断张扬。他们胆大、敢作敢为；他们率直、想说就说。他们会把家里的事说给老师听，也敢于当面向老师提意见，甚至顶撞老师。

一、尊重理解每一个学生，和谐师生关系

班主任虽然是学生的老师，但在人格上和学生是平等的，所以在教育学生时，要真诚对待每一个学生，尊重每一个学生，与他们建立和谐的师生关系，从而让学生信任你，这样师生之间才能敞开心扉。

尊重理解学生，始终保持心态的平和，充分享受和谐的师生关系，以教育学生为乐。每个学生都有自己的情感和独立的人格，每个学生在气质、性格、能力、

知识等方面存在差异，言谈举止及生活习惯也各有特点。作为教师，大都喜欢"听话"的学生，对那些各方面表现好、学习成绩优异的学生，更是"关爱有加"。爱护这些孩子并鼓励他们，能使他们取得更大的成功。然而，还有一些孩子，他们或许成绩不好、习惯不佳，有些老师就会对这些孩子"漠不关心"，这种不平等对待学生的方式，会使成绩不好的学生产生自卑心理。

班主任必须把每一个学生的人格尊严放在与老师同等的地位，并落实到教育实践中。与学生相处时，班主任必须尊重每一个孩子，和谐师生之间的关系。

二、鼓励每一个学生，扬起自信风帆

美国学者威廉·詹姆斯说："人性最深刻的原则就是希望别人对自己加以赏识。"人人都需要得到赞美，即使是最优秀、成绩最好、最有自信的人，也希望得到赞美与中肯的评价。赢得赏识并非贪慕虚荣，而是渴望上进。任何他人所给予的赞美，都会使学生更有信心。

班主任要善于发现每位学生的优点和长处，多给学生甜美的笑脸和赞许的目光，多使用赞扬的话语，肯定学生、鼓励学生，学生一定会"奋马扬蹄不须鞭"的。正如德国教育家第斯多惠所说："教学的艺术不在于传授本领，而在善于激励、唤醒和鼓舞。"其实，班主任在充分肯定学生的同时，也会得到学生的尊重、肯定与爱戴。因此，善于鼓励赞美学生的班主任，最有魅力。

三、从不同视角看待学生，期待学生进步

班主任老师要学会从多角度去看待、思考学生问题。班主任面对的是一个个可爱的孩子，要学会"把孩子当孩子看"。在老师和学生交往的过程中出现的问题，都是因为老师对学生的要求太高。老师要求学生学习，希望他们能从早到晚都在学习；老师不能容忍学生犯错误，要求全班每个学生都是好孩子；甚至要求学生一动不动地听课。难道这些要求对于学生来说不高吗？

老师在处理学生问题时，应该先进行一番认真的调查，然后再作打算，切忌主观揣测，简单臆断。对于犯错误的学生，老师可以站在他的角度思考：是他

好心办了坏事？是他考虑不周到，没有经验？是他心情不好，遇到什么不愉快的事或者有什么急事需要处理？多想一想就会理解学生的一些做法，作出更正确的处理。

老师应该"把孩子还给孩子的世界"，深信每一位同学都期待自己进步，并在不同程度地努力着。这样可以让老师少一些武断、少一些急躁，减少老师和学生之间的摩擦和冲突，即使出了问题，也能找到容易被学生接受的解决方法。

四、积极参与学生活动，赢得学生的喜爱

活动是师生沟通的最佳途径，学生也能在活动中更全面地表现自己，展示自己的才华。比如，在体育活动中，跳长绳、拔河都是学生喜爱的，班主任如果能为孩子们加油鼓劲，孩子们的积极性一定会提高。合唱比赛，班主任如果能参与指挥、排练，学生们的表演也一定更有激情。

班主任应针对学生的特点，精心组织，主动参与各种活动。老师只要积极参与学生的活动，学生是非常乐于接纳的，这样老师更能赢得学生的喜爱。

如果班主任能发自内心地尊重学生，那么学生就会把班主任当作知心朋友，有什么心事就会向班主任诉说，让班主任帮他出主意、想办法。

> 开启心灵之锁的钥匙往往就是不经意的呵护。师生间的沟通，是营造新型师生关系的桥梁和纽带。如果想让一个个独立的生命鲜活起来，让每一个个体焕发活力，那么，班主任就应该靠近学生的心灵，从心灵之约开始。

案例一　从一次意外引出的话题

一天，进行数学测验，因此学生并没有同往常一样很快都到食堂吃饭，而是已经交卷的同学陆续去用餐。开餐时间过了十多分钟，还有将近一半的同学没到食堂就餐。趁此间隙，班主任便先排队把饭打好，还没等他把饭端上餐桌，就听见几个女孩大声喊道："大家注意，今天的汤不能喝了！"班主任闻声赶了过去，疑惑地问道："为什么不能喝？"一位女同学气愤地说："小岳同学把他吃完的

剩饭倒在了汤里，很多还没下楼的同学就没有办法喝汤了！"听同学这么一说，班主任立刻叫来了小岳询问情况，也许他也意识到问题的严重，脸涨得通红，看到一个个交卷的同学赶来吃饭，班主任知道现在不是责怪的时候，于是他赶紧和食堂的阿姨联系，重新换了一桶汤……

当天下午正好有一节语文课，班主任让学生阅读了一篇曾经学过的课文《轻点关门》，当时学生觉得很奇怪，纷纷提出这篇文章已经读过，看着同学们疑惑的样子，班主任提出了这样一个问题："你们觉得以后这幢楼里的居民会怎样关门呢？""肯定也会轻点关门。"很多同学都不假思索地回答。"为什么呢？"同学们说了很多答案，有的说因为他们感受到了帮助别人的快乐，有的说因为他们养成了这样的习惯，其中有一个同学回答说："因为他们学会了为别人着想。"

"对"，班主任立刻肯定了他的回答，然后追问道，"你们会为他人着想吗？"问题一出，教室里立刻没有了刚才的热闹，过了一会儿，我请小岳回答这个问题，只见他一脸尴尬地站起来，摇了摇头。"为什么呢？"班主任轻声地问道。"我今天吃饭的时候就把剩饭倒在了汤里，害得很多同学都没有办法喝了，只想到自己，没有想到别人。""老师知道你也不是有意这样做的，不过希望你以后能学会为别人着想。同学们，我们生活在同一个集体中，如果大家都能为别人着想，我们会是个怎样的集体呢？"同学们你一言，我一语地交流着……

案例二　班级卫生检查日

这天又是检查学生个人卫生的日子，班主任一走进教室，就听到同学们七嘴八舌地议论："都怪小王，谁让他昨天忘了提醒我们。""如果他提醒一下，今天我怎么会忘带手帕呢？"发生了什么事情？经过了解才知道，由于每周二学校都要进行个人卫生检查，所以每周一的早上写备忘录的时候，小王都会在黑板上写"请剪好指甲，带好餐巾纸"，由于小王忘了通知同学们检查个人卫生，导致很多同学忘带手帕，忘剪指甲，这才有了早上进教室时看到的场景。

当然卫生扣分是免不了的，可是这全怪小王吗？

利用早读课的剩余时间，班主任便让学生讨论，今天早上卫生检查的扣分，谁有责任？

问题一出，教室里立刻炸开了锅，同学们把矛头都指向了小王，认为都是小王失职才导致大家忘带手帕,在大家的指责声中,小王伤心地抹起了眼泪,站起身低声地说:"都怪我,昨天忘记提醒同学们了。"

的确,在整件事中她有一定的失职,可是其他人呢,难道都没有错吗?正在此时,有一个女孩举起了手,班主任请她发言:"其实,我们也有责任,每周二卫生检查,做好个人卫生是我们必须牢记的,即使小王不提醒我们也应该做好,怎么能怪小王一人呢?难道她不提醒,我们就不用讲卫生了吗?"另一个学生也举手说道:"今天班级卫生扣分了,不能怪小王,我们每一个人都有不对的地方。"听完这两位同学的发言,全班同学鸦雀无声。

此刻,班主任在这件事情中再去责怪谁已经不重要,重要的是让学生知道以后应该怎么去做。于是,班主任问同学们:"今天大家都那么在乎被扣掉的分数,说明大家都很爱我们班级,有很强的集体荣誉感,这点老师很为你们高兴。可是事情已经发生了,大家也意识到每个人都需要承担责任,那么我们要做的就是避免以后再发生这样的事情,你们说对吗?"

这时,小王举手说:"我以后一定会记住提醒大家的。""我以后书包里天天放好餐巾纸,养成卫生好习惯。""只要看到指甲长了,我就记得去剪,不用小王提醒了。""以后如果小王有事,或者忘记提醒大家,我来做候补提醒,这样就不会忘记啦!"大家你一言,我一语,不开心早已经被忘记。因此,班主任要做的是让孩子们记住以后应该怎么做。

"学会召开学生座谈会"相关视频资料请扫书后二维码。

思考与实践

班级里经常会有一些突发事件,暴露一些班级的问题,组织一次座谈会,和孩子们好好聊一聊。

表 4-1 学生座谈会记录单

会议主题：			
会议时间		会议主持人	
出席对象：			
会议记录： 1. 座谈会由来： 2. 会议内容： 3. 学生发言： 4. 教师与学生共同探讨解决的方法：			
观摩（或主持）会议反思：			

第二章　正确对待班级里的特殊学生

　　特殊学生是指那些与同年龄段学生相比，受到家庭、社会、学校等方面不良因素的影响及自身存在的因素，导致在思想、认识、心理、行为、学习等方面偏离常态，需要在他人帮助下才能解决问题的学生。他们在学习和品德上暂时存在一些问题，达不到班级的要求，完不成课程标准规定的最低目标，在思想品德和心理品质上存在问题和障碍，反复出现违反纪律，侵犯他人或公共利益的情况。特殊学生在集体中，经常具有比较严重的不良行为，属于教育困难的学生，他们虽然只是极少数，然而对教学秩序的破坏极大，使教师感到头痛，是学校德育工作的难点。

　　为了更好地实施素质教育，促进学生全面发展，"特殊学生"的教育工作已经越来越重要。对于小学教育工作者来讲，要让教育工作顺利进行，就必须要为小学生营造良好的学习生活环境，让他们在健康的环境中成长。德育教育作为环境营造的主要方式，是从内而外将矛盾转化，让小学生拥有健康的心理、良好的思想素质和道德情操，从而能抵御不良因素的诱导，健康地成长。

　　矫正问题学生的不良行为习惯，是学校老师的重要职责。老师要了解问题学生的特点及其形成原因，及时对问题学生进行心理疏导，促进学生个性的全面发展，使问题学生向良性轨道转化，这有益于教学管理和学校的稳定。

"特殊学生"的类型及典型案例分析

1. 习惯不良的学生

　　叶圣陶先生说："教育就是培养习惯，把良好的学习习惯转化为学生内在的需要或倾向，那就是教育的成功。"小学阶段是养成良好学习习惯的最佳时期。学习习惯在学习过程中发挥着稳定、持久的作用，也是形成优良学习动机、掌握科学学习方法的保证。

　　受到家庭教育以及社会环境的影响，学生会表现出很多不良的学习习惯，但就小学生而言，主要表现在以下四点：

（1）自我管理能力差

上课时注意力不集中，在家经常需要家长陪着学习，部分孩子不会整理自己的学习用品。现在基本上都是独生子女，家长想办法腾出时间来陪着孩子学习，孩子依赖惯了，独立性就差了。

（2）学习效率不高

相当一部分学生要花费很长的时间才能完成作业，更不用说自己检查作业了。

（3）课外阅读太少

学生课外阅读的兴趣不浓厚，家中书籍数量少。有相当一部分孩子阅读少，知识面窄，且过于关注课内学习，这与家长的引导有关系。

（4）写字姿势不正确

新课标明确指出，低年级学生就要养成正确的写字姿势和良好的写字习惯。但有的孩子过早练字，同时由于家长缺乏正确的指导，养成了不正确的书写姿势，形成习惯后学校老师很难纠正，久而久之还会影响视力。

习惯是个人内部自相适应的一种自动化行为动力系统。一种习惯一旦形成，人们的优势心理反应是维持一种习惯而不是去改变这种习惯，学习习惯也不例外。不管是在养成良好学习习惯还是在矫正不良学习习惯的过程中，教师都要遵循循序渐进的原则，根据学生的年龄特点提出具体并且切实可行的要求。

教师尤其要注意以下几点：

第一，小学生学习习惯的形成受先天和后天各种因素的影响，不管是在学生学习习惯的养成还是矫正过程中，都不可忽视小学生特有的心理特点。

第二，由于学习习惯具有反复性，所以要反复训练并多次重复，巩固已有的成果。只有反复纠正不良习惯，才会使良好习惯在不断重复中变得越来越稳固。如要使学生养成端正的坐姿习惯，就要从反复纠正学生的坐姿开始。俗话说："勉强成习惯，习惯成自然。"良好的习惯一旦养成，一切都会变得容易。

第三，对学生不同学习习惯实施"扬长"的策略。所谓"扬长"，就是指与学生学习习惯的长处，即学生偏爱的学习方式和倾向相对应的匹配策略，这种策略可以促进他们学习进步得更快，学习效率更高，也能使其偏爱的学习方式得到发展，有利于特长的发挥。

第四，在榜样方面，对小学低年级学生则要多树立一些现实生活中的榜样，如在班上表扬一些上课认真听讲的学生，营造一种良好的学习氛围；对高年级的学生则要给他们多讲一些名人的故事，引导他们多读课外书籍，从中感受良好学习习惯对个人成才的重要影响。

第五，学生的每一点进步，教师都要及时表扬，这样学生才对自己有信心，才能坚持纠正不良习惯。

阅读下面的故事，看看这位老师是怎么纠正学生不良习惯的。

小伍同学是一个既可爱又调皮的小男生。有时上课他会情不自禁地做些小动作或和周围的同学聊聊天，一言不合还会与同学在课堂上争吵上两句。久而久之，养成了一些不良的学习习惯，既影响自己的学习，也影响其他同学的学习。任课老师看在眼里，急在心里，该怎样帮助他改掉这些学习上的坏习惯呢？

通过观察，老师发现他是个很爱画画的孩子，同时也是个心灵手巧的孩子。只要一拿起画笔，他马上就像变了个人，但一画完画，他又成了一个捣蛋鬼。在一次美术课上，老师看他画完美术作业后，又开始蠢蠢欲动起来。老师连忙走到他的座位边，拿起他的作业。"这张画画得真不错，构图饱满，色彩也非常的鲜艳"，老师笑着对他说，并请他将自己的画贴在黑板上，当着全班的面表扬了他。接着，老师又问他愿不愿意再尝试用不同的方法来画今天作业的主题。老师的话激起了他的兴趣，他高兴地拿起第二张画纸继续画了起来。下课后，他兴冲冲地将他的第二张作品拿给老师看，老师又夸奖了他一番。看他喜上眉梢的模样，老师连忙抓住时机对他说："老师真的很喜欢你画的画，你是个聪明的孩子，可是有时候你也会做些傻事，让老师忍不住会批评你，你知道是什么事吗？"他歪着头想了想，羞涩地说道："我老喜欢和同学讲话。"老师又对他说："喜欢和同学交流本来是件好事，可是在上课的时候和周围的同学讲一些和课堂内容无关的话题，那可就不是件好事了。这些道理你都懂，老师也不多说了，多给我一些表扬你的机会，少给我一些批评你的机会好吗？"他笑呵呵地答应了。

一次交心并不可能马上帮他改掉这个坏习惯，在之后的美术课上，每当他画完作业，老师都会及时对他的作品进行评价。当他忍不住想和其他同学说话时，老师总会悄悄来到他的身边，摸摸他的头发或轻轻敲一下课桌，然后笑着对他摇摇头说道:"不要给我批评的机会哦!"老师约定只要他能管住自己,老师就请他去帮助别的画得不好的同学。有时在他做完作业无所事事时,老师也会鼓励他在不破坏课堂纪律的前提下做些自己喜爱的事,比如,做做小手工,看看课外书或是完成一些其他学科的作业。久而久之,小伍同学跟其他同学在课堂上私下交流的次数变少了。

其实,每个孩子都有一颗上进的心,都想得到老师的表扬与认同,只要老师对那些所谓的"问题生"多一些包容,多一些耐心,以平等的方式与他们交流,他们一定会体会到老师们的用心良苦。教育是一门艺术,需要以情感人,多用爱耕耘,肯定会有所收获。

2.厌学的学生

厌学是当今教学实践中学生普遍存在的问题,是令教师和家长感到非常棘手的问题,也是班级管理中的一个难点。厌学主要表现为对学习毫无兴趣,视学习为沉重的负担,有时甚至是一件十分痛苦的事情,尽管面对各种纪律的约束,仍无法进行正常的学习活动,经常以逃学的方式逃避学习,严重者会导致辍学。导致厌学的原因有许多,有社会方面的原因,有学校方面的原因,有家庭方面的原因,也有学生个人方面的原因。厌学通常有以下表现。

注意力分散,不认真听讲,提不起精神,情绪消极。课堂上,思想开小差,或者打瞌睡,或者做小动作,或者说话,更为严重的则发展到顶撞老师。

对学习失去兴趣和信心。作业拖拉,敷衍了事,甚至不交作业,学习效率降低,错误率上升。考试时也不认真答卷,想方设法作弊,有的学生干脆不答卷,导致学习成绩差等后果。

沉迷游戏,以至于上课迟到成为家常便饭,进而出现旷课、逃课等现象。

搞清楚了原因,就要对症下药。无论是何种原因造成的,从老师的角度,都要设法激发学生学习的原动力,增强学生的自信、培养学习兴趣。所以,老师要保护学生脆弱的心灵,处处细心观察,留意孩子在学习上的一道道"坎",帮助孩子跨越过这些"坎",学生有了成功的体验,就会产生学习的动力,激发学习兴趣。

(1)改善环境,愉悦心境

营造良好的班级学习氛围,即加强班风建设。展现积极向上的精神风貌,要让好学成为班上的主流，为培养学生的学习积极性提供良好的文化土壤。

建立良好的师生关系。"要让学生喜欢学习，先让学生喜欢要他学习的人"，这是"理想教育"的一个重要理论。古人云："师者，人之模范也。"老师要多学习一些心理学、教育学的理论知识，正确处理师生之间的矛盾和冲突，形成融洽的师生关系。实践证明：师生之间平等的交流和沟通，建立良好的师生关系，是提高教育质量的前提。

改变观念，接受自我。让厌学学生重新认识自我价值，形成良好的自我意识，这是变厌学为乐学的重要环节。老师应发现厌学学生所表现出来的一些正确的学习态度和行为，从正面予以肯定，并不断强化，让他在前后比较中接受自我，认识到自己是能学好的，相信自己也是一个有能力、有前途的人，改变自己的观念。当然，对厌学学生的评价必须客观、中肯、善意，不能讽刺偏激，以免使其产生逆反情绪。

善于发挥任课老师的作用。班主任个人的力量是有限的，在帮助厌学学生的过程中，班主任应发挥任课老师的作用。首先，通过任课老师更全面地了解学生对每一门科目的学习态度和表现，使自己的工作更有针对性。其次，可以通过任课老师做学生的思想工作，特别是通过学生比较喜欢的任课老师与学生进行谈话，激发他的学习积极性，这样的效果更佳。

（2）正面强化

激发学习热情和兴趣，变被动学习为主动学习。想要减轻学生心理负担，就要减轻学生课业负担带来的心理负荷，让学生有放松的时间。老师要在改变教学方法上下功夫，如在语文科的教学中，老师可根据各类课文的特点，设计不同的教法，开展丰富多彩的活动，激发学生的兴趣。另外，老师在教学中还要做到精讲多练，每节课都尽量让学生在课堂上有练习的机会，字、词、句等基础知识的练习都安排在课内完成，课外留一些发散思维的、操作性强而且可与家长共同完成的练习，这样也给家长创造了与孩子沟通的机会。

降低学习目标。低起点、慢步子、分层次是使不同类型的学生获得成功的重要途径，降低了目标，学生易达到，就能感觉到自身的进步，体验到成功的喜悦，有助其找回自信。

及时奖励。对于学生来说，成功便是最好的奖励；而对于老师来说，学生的成功是结果而不是评价,如果对其视而不见,漠不关心,那么很可能会熄灭学生的学习热情,因此学生需要奖励,且应当以精神鼓励为主。目前,赏识教育已经成为教育中的必要手段,实践证明,正确使用赏识教育,能使学生心理获得满足感与自豪感,充分调动学生的积极性,让学生在学习中快乐。

综上所述,为了预防和"治疗"学生的厌学心理,班主任需要做许多工作。需要重视对学生进行理想教育,增强学生的使命感、责任感,调动学生学习的内在需求;还要营造良好的外在学习氛围,采取多种途径和方法,增强学生自信心,开展丰富多彩的活动,落实素质教育,让学生在学习中快乐,在快乐中学习,以良好心态,积极投身于学习当中。

阅读下面的故事,看看老师是怎么改变厌学的孩子的。

上课铃响了,老师夹着作业本,迈着轻快的步子走进了教室。

教室里特别安静,老师习惯性地把教室扫视一圈后,笑了笑说:"同学们,这次默写许多同学都全对,我非常高兴。"边说着,老师边举起一叠作业本,稍作停顿,接着说:"今天,老师还发现了一份最满意的作业,你们知道是谁的吗?"不待讲完,同学们就一下子把目光投到品学兼优的小林身上。老师停顿了一下,大声宣布:"刘——×——×——!虽然这次默写中还有两个小错误,漏了两个标点,但老师相信这次默写是他最努力,也是最优秀的一次。"从同学们的眼神和小声嘀咕中,老师看出了他们心中的疑惑。于是老师翻开作业本,把上面的"100"和三颗鲜红的五角星展示给大家。"请同学们用掌声向刘××表示祝贺!"老师带头鼓掌,随即,教室里响起热烈的掌声。

要知道,这个"100"对于刘××来说可是大事。这个孩子,其实是个挺老实的孩子,心地很善良,也很热爱劳动。可是不知为什么,对学习就是不上心。上课整天开小差,作业拖拉,默写几乎没有几次是合格的,回家作业错误率也很高。老师和家长都为他着急,可看他的样子,似乎还不明白到底为什么要学习。

此刻,老师望了他一眼,平时老是没精打采的他坐得笔直,脸上有些疑惑与不解,然而,老师还是从他的眼神中捕捉到了兴奋与喜悦。这一切来得太快了,他还没有从课间的那一刹那回过神来。

课间十分钟，老师正批着作业，一路打钩，批到刘××的默写本时卡壳了，便叫同学把他"请"到身边站着面批，他默写名言时漏了两个标点，老师用红笔重重地圈了出来，一脸严肃地说："千叮咛，万嘱咐，不要漏标点！要仔细检查！"声音不高，分量却很重。说完，便抬头看了他一眼，想从他脸上找到悔过的表情。他没有说什么，眼睛睁得大大的，眼神好特别，一种对学习的热情正在悄悄地消逝，他的整个表情变得木然，老师的心为之一颤。

等他走后，老师又重新审视这份作业：默写的二十个词语全部正确，名言的内容也全对，一笔一画写得重重的，十分清晰，这对平时默写总不及格的他来说是多么不容易。老师非常吃惊，便翻看起他近一周的默写，他的作业整洁了，字迹端正了，每天的默写虽然成绩仍不理想，但始终在小幅上升。前两天发默写本并报100分同学名单的时候，他也是睁大眼睛看着老师，而老师当时还曾不屑一顾……猛然间，老师仿佛看到了他那带着期盼的眼神，仿佛一下子明白他所有的含义……这本默写本突然之间变得很沉重，这是一个孩子用"心"写的，一个简单的对错符号只能判断作业的正误，而面对一份真正有质量的、蕴含着特别价值的作业，必须以自己的一颗真诚的"心"去发现、去触摸、去呵护……

因为懂得了，所以也特别珍惜，老师在他的默写本上工工整整写上了一个"100"，盖上了三颗鲜红的五角星，还特意画上一张笑脸。

此后，这样的"特批作业"多了起来，作业本上又多了许多丰富的内容：一面面鲜艳的小红旗，一个个可爱的笑脸。

3. 单亲家庭的学生

单亲家庭是指由于夫妻离异或某一方去世，由父亲或母亲一人与孩子组成的家庭。单亲家庭的孩子少数是父亲或母亲去世，多数则是父母离异。近年来，随着离婚率不断上升，单亲家庭的孩子也越来越多，这些孩子长期在缺乏关爱和温暖的家庭中成长，心理缺陷明显，表现主要为孤僻、偏执、嫉妒等。究其原因主要是亲人的过分溺爱，导致孩子心理脆弱，经不起挫折；家人的放任自流，导致孩子自由散漫，严重的可能会导致行为不轨。爱的残缺，导致孩子个性的扭曲，久而久之，变得多疑、抑郁、偏执和古怪。

其实，单亲家庭的孩子比其他的孩子更需要家人和老师的关心与帮助，如果老师能对这些孩子进行适当引导，孩子的改变一定会很明显。那么老师可以做些什么？

（1）以情感人，使单亲孩子敞开心扉

单亲家庭的孩子大多性格内向，沉默寡言，有什么问题都不愿让周围的人知道，尤其是在家庭问题上，"家丑不可外扬"的传统观念影响着他们，他们不愿意轻易把自己的家庭问题告诉他人。在这样的情况下，老师可以从学习、生活的点滴小事中去关心、帮助他们，使他们经常能感受到老师的关心和爱护，感受到生活中原本缺少的亲情。在一件件的小事中，让学生感到与老师距离的拉近，让学生感受到老师的人格魅力，使学生敢于倾诉，视老师为知己。多数单亲家庭的学生只能享受父爱或母爱，随着年龄的增长，他们渴望像其他同学那样获得两份关爱。因此，老师应该多亲近这些孩子，让孩子感受到周围人对他们的爱。

（2）摆正态度，对单亲孩子不厌恶，也不过分同情

单亲家庭的孩子因其特殊的经历，身上往往会带有一些不良的行为习惯，学习成绩也大多不理想，而且教育起来难度较大，反复性也较强，很难在短期内有明显的变化和进步。于是，有的教师在多次教育不见效果的情况下，失去了耐心，甚至渐生厌恶情绪，说出诸如"你那么不争气，难怪你妈不要你""本来别人就看不起你，你还不给自己争口气"之类的话，极大地伤害孩子的心灵，不仅使师生间产生隔阂，增加了学生对老师的抵触情绪，更使老师的努力前功尽弃。反之，如果老师多一份爱心，多一份关注，耐心倾听孩子的心声，就能使他们重获信心。教师在教育过程中应该明白，单亲家庭的孩子比其他学生更敏感、更脆弱，教师在对单亲家庭学生进行教育的过程中，要付出更多，循序渐进地帮助他们改正缺点，取得进步，切不可急于求成，更不可在没有达到预期效果时迁怒于学生、厌恶学生。

（3）以理服人，让单亲父母更关注子女的成长

家庭、学校、社会构成德育工作"三位一体"的网络体系。加强学校与家庭的联系，是德育工作的一个重要环节。作为班主任，与家长联系的主要方式有家访、电话联系、家长会。对待单亲家庭，老师一般可采取家访形式，这样更便于老师与家长坦诚地交流关于家庭教育的各种问题，而且只有进行单独交流时，单

亲家长才不会回避与孩子有关的家庭问题，有利于老师了解孩子，从而更有针对性地解决问题。虽说"清官难断家务事"，但由于孩子的成长始终是家长们情感天平上最大的砝码，所以班主任的话起了十分重要的作用。当然，此时如果班主任对家长劈头盖脸说教，也只会适得其反，而从学生的角度对家长动之以情，晓之以理，可能会有明显的效果。

（4）以集体的力量感染单亲孩子，培养其良好的性格和健康的心理

单亲家庭的孩子一般性格孤僻，在集体中也少有自己的朋友，而许多单亲家长也往往因其受伤的经历，情感不外露。在这样的环境中，单亲的孩子就更不易感受到关爱，很多孩子长大后就养成极端的自私性格，不会关心照顾别人，难以与人相处，难以拥有良好的人际关系，这将给孩子将来的生活、工作、学习蒙上阴影，甚至也将给社会埋下不安定因素。

作为班主任，首先要摆正单亲孩子在集体中的位置。老师往往出于对单亲家庭孩子的关爱，在很多方面给予照顾，怕他们受到伤害，担心他们受到歧视，将他们层层保护起来，当他们与其他同学有矛盾时，极力批评其他同学；参加集体活动时，对他们特殊照顾；评选各类荣誉时，也给予他们特别照顾。久而久之，同学们会用不同的目光看待他们，难以与他们正常交往，渐渐地，他们在班里就不自觉地被孤立，这极不利于他们的身心健康。

离异是一种无奈的选择。单亲家庭孩子的教育，的确有其特殊性。单亲家庭孩子的教育原则是坦诚沟通和鼓励，家长不能对婚姻和家庭这些事避而不谈，要让孩子知道离婚和结婚在社会生活中都是非常正常的事。

让我们看看下面的这位老师是怎么抓住教育的契机的。

> 小王是班上一位特殊的学生。这位学生父母离异，平时家长各顾各，对该生不闻不问。虽说小王学习成绩不算落后，但是他行为习惯不好，喜欢招惹其他同学，没有一个学生愿意和他玩。有时，他在班级会做出一些奇怪的举动，如喜欢在教室里怪叫、故意去袭击其他同学、在上课时做一些怪动作等吸引老师和同学的注意。因此，小王经常被他的班主任带到心理辅导老师那里。每次心理辅导老师都对他动之以情，晓之以理，他每次也都虚心接受，但过不了几天又是老样子。一而再，再而三，屡犯屡教，屡教屡犯，就是改不掉他的坏习惯。也知道光靠说教的教育方法不好，但对这样的学生该怎

办？就在为该生制定教育方案时，一次偶然的旅行带来了教育的机会。

寒假里，小王的妈妈带他到美国旅行。开学时，小王非常兴奋，经常拉着老师谈论他在美国的所见所闻。老师马上意识到这是一次绝好的教育机会，并利用了一节语文课向全班学生读了小王的寒假游记，并表扬了他，又让小王用英语作了简单介绍。下课后，同学们纷纷围绕在他身边问这问那，小王本人也十分乐意与同学进行交流。随后，老师鼓励他多跟身边的同学交流，可以是在外国与人交流时的礼貌用语，也可以是他在旅行时的所见所闻。小王之后像变了一个人似的，下课时经常用英语跟同学与老师交流，整个人的精神状态也平和了许多。这件事过后，他进步了，也更容易接受老师的教育，虽然有反复，但只要对他使一个眼色，或在他犯错误时向他摇摇头，他便心领神会。老师相信，只要有耐心，不断激励他，他一定会变成一个充满信心的学生。

4. 学习困难的学生

学习困难的学生是一个特殊的群体。从心理素质方面分析，他们对未来失去信心，自暴自弃，甚至破罐子破摔。他们有强烈的自尊心但得不到别人尊重，有好胜心但不能取胜，有积极向上的要求但又意志薄弱。从情绪方面分析，他们在学校、家庭都不受欢迎，在同学、老师、家长眼里多是失败者。因此，他们整天生活在灰色的世界里，久而久之，笼罩在他们心头的只有悲观、失望、自暴自弃。他们的需求如果长期得不到满足，就会灰心丧气、焦虑不安、困惑压抑。

作为班主任，面对班级里学习有困难的学生，可以做些什么呢？

（1）树立正确的教育观，用发展的观点看待学习困难的学生

树立"为了一切学生，为了每一位学生发展"的教育观，重视优等生的培养，加强中等生的教育，更要加强后进生的转化，教育好每一位学生。班主任要坚信教育的力量，相信每一个学生都有无限发展的可能性。尊重学生个性，并认识到后进生也有优点、有特长、有闪光点、有可塑性。

（2）关心、爱护后进生，密切师生关系

"没有爱就没有教育"，班主任只有关爱学生，才能避免师生间的隔阂。新课标也提出："没有教不好的学生，只有不会教的老师。"只要班主任与学生进

行心与心的交流，真诚地关心和帮助每一位后进生，后进生就会感受到班主任老师的可亲、可信、可敬，从而消除疑惧和对抗，达到"尊其师、信其道"的效果。

（3）广泛、深入、细致地了解，找出症结，对症下药

班主任要客观、全面地分析每一位后进生的情况。后进生各有特点，后进的程度与原因和问题的症结各有不同。班主任要了解后进生的过去和现在，同时了解他们的优点，及时肯定，严格要求，客观分析，引导自觉改正。

（4）真情打动、长效救失、扬长避短

要真心为学习困难的学生着想，努力为他们创造一个民主、平等、宽松、和谐的环境，满足他们的需求。

班主任要发现他们的优点与长处，不要老盯着他们的缺点、错误动辄批评、惩罚。要用放大镜去发现其"闪光点"并努力挖掘，使"闪光点"不断"发光"。

（5）根据学生的差异，因材施教

由于年龄、个性以及遭遇的事情性质不同，后进生一般都表现出了各自不同的特点。班主任要针对他们的特点有的放矢、因材施教，采用多样灵活的教育方法。

（6）抓住转化的契机

学困生意志相对薄弱，但对每个人来说，并非事事差、时时差，班主任要抓住时机进行教育。比如，后进生长期受到冷漠和歧视，突然感到温暖时；长期遭受失败，偶尔取得成功时；偶尔受到某种启示，对自己的过失进行思考时。

（7）教育要持之以恒，反复抓，抓反复

由于外部各种因素的影响且由于学困生自制力差，辨别是非的能力低下，因此，他们的进步时有反复。一些学生，有时会故态复萌；有些学生已经改正了原来的缺点、错误，在新的条件下，又可能以新的形式表现出来。对此，班主任要以最大的耐心帮助他们分析原因，进一步进行深入细致的教育转化工作，切忌操之过急。

当学困生在前进的过程中出现反复时，班主任要加以分析，是否是过去错误的简单重复，要从每次的反复中找到问题。班主任既要给予中肯的批评教育，又要注意保护学生已经调动起来的积极性，因势利导，鼓励学生不断进步。

看看下面这位老师面对一个学习有困难的学生是怎么做的。

小路是一个可爱的小女孩，她很善良，平时不管谁有困难她都愿意帮助，

所以，同学们都很喜欢她。

可是，这个女孩的学习能力和其他同学相比有很大的差距，几次测验的成绩都非常靠后。针对这个情况，班主任和她的妈妈进行了电话沟通，并了解了一些情况：由于小路在幼儿园时的身体不好，进入小学前，她没有参加过任何辅导班，父母也从来没有教过她学科类的知识，所以她刚进小学时几乎是一张白纸。她的父母对于小路的成绩并没有特别要求，所以平时也不太重视课后的辅导。

随着年级不断升高，学习的难度也在不断增加，小路在学习上表现出来差距也越来越大。

无论是班主任还是数学老师都认识到了问题的严重性，于是又和她母亲深谈了一次。女孩的母亲是一位很有气质的中年女性，一开始老师们并没有全盘托出他们的想法和意见，只是和家长谈谈孩子幼儿阶段的生活，小学阶段的一些变化。老师们从谈话中得知，家长自身还在不断进修、学习，就是因为体会到学习是一辈子的事情，是一件无奈且辛苦的任务，所以家长希望孩子能快乐成长，学习不要太累，所以就未重视女儿学习。当班主任了解了她母亲的实际想法后，首先非常肯定家长的想法是完全正确的，女孩的培养确实是多方面的，文静、乖巧、忍耐力等都是今后女孩成长道路上必备的品质。"不过，孩子的快乐和自信是前提，是最为基本的，如果学习成绩每一次都在班级末尾，孩子会快乐吗？她还会始终那么自信吗？她对自己会有怎样的一种学习能力评价？女孩子的心是很细腻的，怎么去呵护她这部分的心理健康？"

经过交谈，老师不仅分析了孩子身上的问题，同时也告知了家长可以采取的方法，特别是要加强孩子学习习惯的养成。孩子的母亲表示愿意配合老师一起做好孩子的辅导工作。

一段时间后，作为语文教师的班主任明显感受到小路上课的专注度提高了，举手发言的次数越来越多，上课的积极性也有了提高。对于她每次在课堂中的举手发言，只要有机会班主任都会请她。同时，班主任也鼓励她多看书，用阅读来提高自己的理解能力，渐渐地她写的文章也越来越通顺，成绩有了很大提高。数学老师也发现，小路的数学成绩有了很明显的提高，从最初的70多分，提高到80多分，期中考试甚至得了90多分。

进入二年级，班级进行了班干部的改选，自信的小路一段真诚的演说得到全班同学的掌声，加上平时与同学之间关系融洽，她当选了班级的中队干部。当班主任在全班面前给她带上中队长标志的那一刻，她笑得非常开心。

特殊生的教育工作是班主任工作的重要组成部分。对于小学生来讲，开展德育教育工作有其重要意义，而对小学特殊生进行及时的德育教育，能让他们改正不良习性，建立良好的人生观、世界观、价值观。在问题生教育工作中，要求班主任有耐心、有爱心、有责任心，通过自我素质的不断提升，为特殊生的教育工作提供良好的保障。

特殊生虽然所占的比例很小，但他们是集体中的消极因素，常常拖班级的后腿，有时甚至影响学校声誉。他们一般精力充沛，活动能力强，处事机灵胆子大，要教育好他们是一项长期的、艰巨的、复杂的、细致的且更需耐心的工作。特殊学生有存在的必然性、客观性和普遍性，因此，广大教师特别是班主任应分析问题学生的心理成因，并以相应对策矫治，这样不但有利于提高教学质量，而且能使学生素质得到全面提升。

遇到一些特殊的孩子，更需要班主任用自己的爱心、耐心、宽容心去教育帮助他们，请想一想，遇到下面两个特殊的孩子，怎么做？

小亚是独生子，父母感情一直不和，在他读小学三年级的时候就离异了，小亚被判给了父亲抚养。父亲将小亚寄养在爷爷奶奶家里，自己则常年在外忙碌，很少与儿子沟通。爷爷奶奶对孙子百般宠爱，凡事都依他，只要大人有一点不顺从他，他便翻脸。小亚在家一直处在以自我为中心的位置，在学校里对同学傲慢无礼，经常与人争吵。

小伟是个单亲家庭的孩子，平时与父亲一起生活。他的父亲是一家公司的总裁，平时工作繁忙，经常出差，在家待的时间很少，根本顾不上管他。平时，小伟的生活起居都是父亲请的保姆管理。小伟上课总是无精打采，提不起一点学习兴趣。老师提问，他总是缄默不语。回家作业要么全是空白，要么乱写一气，每次测验，每门科目都不合格。听其他同学说，他回家总是玩网络游戏。

"学会撰写学生案例分析"相关视频资料请扫书后二维码。

❓ 思考与实践

每个班级里都有特殊的孩子,作为班主任应该对这样的孩子多一些理解与关爱。请根据平时开展的教育工作,完成一份特殊孩子的案例记录。

表4-2 学生的个案分析与研究

姓名		年龄		性别		年级、班级		担任工作		兴趣、爱好	
学生基本情况											
个案分析主题											
个案分析											
跟踪研究设想											
家访后的反思											

第三章　认真撰写学生评语

一、撰写评语的意义

临近期末，老师除了要完成对学生学业水平的评价外，还有一项工作也是十分重要的，就是撰写学生的评语。写评语是班主任工作的一项重要内容，是班主任对学生思想品德、学习、劳动、文体活动等方面的总体评价。一份好的评语能客观反映学生整个学期在校的表现，帮助学生了解自己的长处和不足，扬长避短。当然，评语不仅是写给学生看的，也是写给家长看的，通过期末评语还能帮助家长了解子女的情况，以便更有效地配合学校对学生进行教育。因此，学生评语至关重要。

二、撰写评语前的准备

怎样才能写好评语？在撰写学生评语前，班主任要做哪些准备？

1. 全面了解学生的个性特点以及心理变化

要写出一份客观、全面的学生评语，班主任首先应该了解学生。要了解学生的爱好、长处与不足，更要了解学生在整个学期里的心理变化以及学生的成长。这就要求班主任是一位有心人，在平时与学生的接触中能比较深入地了解学生。特别是小学班主任，如果没有一双发现与观察的眼睛，那么所写出的学生评语就会千篇一律，这样的评语对学生的发展起不到任何作用。

2. 记录发生在学生身上的事例，从中选择最典型的事例，进行认真分析

记录发生在学生身上的事例是感受学生变化最好的途径。整个学期里，学生在和同学或是老师交往方面总会发生一些事情；在参加班级活动或是小队活动时总会有些不同的表现；对不同的学科总会有不同的偏好，这些都可以成为班主任撰写评语时参考的事例。班主任平时要做个有心人，记录这些事例，并在写评语时选择最典型的事例进行分析，客观评价孩子在这些事例中的闪光点与不足，对学生之后的表现提出希望和要求。

三、评语撰写的主要内容

班主任撰写的评语基本字数都在 100 个字左右，比起对学生长篇大论的评价，这 100 个字的要求就比较高，那么，评语可以包含哪些内容？

1. 从学习、交往、参与活动等方面进行简要评价

由于学生在学校的表现主要涉及学习、交往以及参与活动的表现等方面，因此，班主任可以在评语第一部分从以上方面对学生的表现作简要评价。如：

> 你是个懂事的孩子，尊敬师长、友爱同学，能按时完成老师布置的作业，成绩优良，能积极参加学校、班级组织的各项活动。

> 你是一个很有爱心的孩子，看到同学们有困难，你总会主动帮助他们。学习上很努力，成绩进步明显。在小队活动中积极主动，得到了大家的肯定。

从上面两段评语中，我们可以发现，班主任用短短两句话，对孩子整个学期的表现进行了简要评价。这样的评语可以让学生感受到班主任对自己全方位的关注与评价，但是评语如果仅用这样的方式概括学生的表现是远远不够的。如果学生几个学期都保持这样，那老师的评语就能一用到底，这样的评语是没法起到教育作用的。

因此，班主任要做个有心人，对学生日常生活中的点点滴滴要进行观察，并做好记录。写评语时才能写出有代表性的事例。

2. 选取典型事例

学生在整个学期的学校生活中，会发生很多事例，在这些事例中，学生会有不同的表现，从这些表现最能看出学生一学期心理上的变化以及内心的成长，班主任可以选取其中的典型事例进行分析。如：

> 你为了班级的荣誉，带伤参加运动会入场式的表演，老师为你感到骄傲，伙伴们为你竖起大拇指。

> 虽然你不是宣传委员，但却默默地帮助班干部出黑板报，可见你也有一颗为集体服务的心。

> 这学期，你主动要求担任语文课代表，每天能按时收齐大家的本子，老师为有你这样一个小助手感到高兴。

以上三段评语可以分别概括为三个典型事例：带伤参加表演、主动出黑板报、认真完成课代表工作。从老师评语中，能感受到对学生表现的赞扬与欣赏，更能感受到学生的进步与成长。特别是对于班级平时各方面表现有欠缺的孩子，班主任更应该发现他们身上的闪光点，并记录下来。无论是学生还是家长，读到这样的评语，内心会感到非常高兴，因为他们知道原来老师是那么关注他们，正是这些小事，让学生有了信心，有了力量。

3. 肯定进步，提出希望

学生在成长的过程中，除了进步，难免会有不足之处。这就需要班主任在发现学生闪光点并肯定学生进步的同时，提出需要努力的方向。在提出希望的时候，班主任一定要注意语言的表达方式，语气要婉转，以鼓励为主。

老师多么希望打开你的作业本时能看到整齐端正的书写，这样你会更优秀。

老师期待在课堂里看到你高高举起的小手，听到你自信响亮的回答。

老师希望你平时能多参加体育活动，坚持体育锻炼，把身体练得棒棒的。

从以上三段评语中，可以看到老师提出了学生身上的三个不足：书写不认真、上课不举手发言、平时不参加体育锻炼，但是由于老师语气很婉转，又用了鼓励的方式表达，因此学生看了以后会认识到不足，也乐意接受改正。

当然，一份完整的评语除了从学习、交往、参与活动等方面进行评价外，班主任也可以根据学生的实际表现撰写学生评语。

四、撰写评语时的要求

1. 语气亲切、用第二人称

除了毕业班学生的评语需要比较严肃的口吻，会用上"该生"这样的称呼，平时通常采用第二人称。这样可以拉近班主任和学生之间的距离，使学生强烈地感受到班主任的关爱和尊重，学生的上进心、自信心都会增强。当然，对于低年级的孩子，班主任还可以用上一些昵称，如爱看书的学生可以称为"小博士"，书法写得好的学生可以称为"小书法家"，这样会让学生倍感亲切。

2. 语句通顺、表达清晰

每学期的评语只有 100 个字左右，对于班主任来说，即使做不到文采出众至少也要做到语句通顺、表达清晰。特别是对于小学生来说，读完班主任的评语，他要明白老师肯定的是哪些方面，提出需要改进的是哪些方面。切记语句不能颠三倒四，表达含糊不清，这样无论是学生还是家长都无法读懂班主任评语中的含义了。对于刚开始写评语的教师，建议先试写一篇草稿，并请有经验的班主任帮忙修改一下，做到语句通顺，表达清晰。

3. 书写端正、没有错别字

评语的誊写非常重要，教师必须认真对待。有些教师为了减少自己的工作量，把打印的评语贴在学生成长册的评语处，这样会让学生和家长在阅读评语时感受不到"交流"的感觉，只有班主任用钢笔书写的评语，才会产生"对话"的效果。也许有些班主任的字迹并不漂亮，但是只要班主任端端正正、认认真真地抄写，没有错别字，那么依然可以达到效果。

写评语是一件繁重、复杂却很有意义的工作。写评语不仅评价学生，也是对班主任工作的考量，从中能反映班主任的学识素养。班主任应该不断更新教育思想与教育观念，让评语对学生产生教育的效果。

> 为每一个孩子写评语，是每位老师每学期期末都必须要做的事情，虽然评语只有短短的几句话，但是，无论是家长还是学生都希望从这几句话语中看到老师眼中自己的形象，请从以下几位新班主任撰写的评语中找找问题吧。

评语一：你平时坐在教室里很安静，但是老师知道你没有认真听讲，上课经常开小差，作业正确率也很低，希望你能好好努力！

评语二：你上课认真听讲，作业按时完成，热爱劳动，对人有礼貌，是老师心目中的好学生，希望继续保持。

评语三：你学习很努力，平时作业也很认真，可是为什么成绩上不去呀？是不是听不懂老师的课，那就利用业余时间好好补课，把成绩提高。

"如何写好学生评语"相关视频资料请扫书后二维码。

 **思考与实践**

在撰写学生评语时,我们要注意什么?请完成几位学生的期末评语。

表4-3　撰写学生评语记录表

学生姓名
内容_____
学生姓名
内容_____
学生姓名
内容_____
学生姓名
内容_____
学生姓名
内容_____

第五篇

开展活动

第一章 有效开展主题班会

一、对主题班会的认识

班会是班主任根据学校工作要求,结合本班学生的实际情况,运用班集体会议对学生进行教育并开展工作的有效形式,也是学生自我教育的有效方式。每周都有一节班会课,通常,这节课会放在每周五的下午,上这节课的老师是班主任。在班会课上,有的班主任会把班级学生一周的表现进行总结,有的班主任会把一周内班级里发生的问题进行总结,这样的班会课多是以班主任的说教为主,学生主要是听众,因此教育的效果不理想。

主题班会和说教式的班会课相比,最大的不同是教师根据教育要求和本班学生的实际情况确立主题,并围绕这一主题开展形式生动的教育。主题班会的主题突出，集趣味性、艺术性、知识性于一体，是深受学生欢迎的教育形式。班主任如果充分发挥学生的主动性，有计划地举行一些由班委会或其他学生组织的主题班会，同时加以引导，这样既可以达到提高认识，发展个性，愉悦生活的目的，又可以培养学生的民主意识，锻炼自理自治的能力，从而达到巩固班集体和良好班风的目的。

班主任作为班集体的组织者、领导者和学生学习、生活的指导者，更要重视主题班会的作用，适时对学生进行有效的教育。

首先，主题班会作为一种学校教育机制，倡导以学生为中心、以情景为中心、以活动为中心的活动理念，因此成为一种十分重要的道德教育载体。其次，班会是班主任向学生进行思想品德教育的有效形式和重要阵地。有计划地组织与开展班会活动是班主任的一项重要任务。班会既是班主任对学生进行管理、引导和教育的重要途径，又是培养和展现学生自我管理能力，培养和增强学生主人翁意识的一种重要方式，同时也是处理、解决班级问题，开展各项活动的有效途径。

但不少班主任对主题班会认识片面，不够重视，所以一些主题班会出现了弱化、异化、片面化的现象，其功能无法真正实现。班主任要充分发挥集体的智慧和力量，让个人在集体活动中受教育、受熏陶，从而提高综合素质。班会如果组织得好，对学生思想的转化和良好班风的形成有不可低估的作用。

二、召开主题班会的意义

由于主题班会的内容紧贴学生实际，且形式丰富多样，因此非常受到学生们的欢迎，一次成功的主题班会将对学生的发展有重要的影响。

1. 主题班会使学生健康成长

班会是学生说心里话的平台，让学生把自己难解决的事、令自己苦恼的事写成字条，同学们一起讨论，班主任再循循善诱，悉心指导。经过一节班会课，学生会变得活泼开朗，这也有利于教师的教学。

2. 班会能提高学生的自我教育能力

学生是主题班会的"主角"，一堂生动活泼、富有教育性的班会课往往会给学生的心灵留下深刻的印象和美好的回忆，起到课堂教学难以起到的作用。

3. 班会有利于良好班集体的建设。

组织得当的主题班会，能起到促进班级学生团结的作用，同时由于师生共同参与，更能加深师生彼此的了解，成为使师生关系更加密切的纽带。

三、班会的内容与形式

班会的内容与形式应多样化，可以是本班学生表现的阶段小结，可以是庆祝活动，可以是道德、纪律、民主法治等问题的学习讨论和辩论，也可以组织学生谈谈自己的远大理想与追求。因为只有多样化，才能适应青少年学生的特点，满足他们的求知欲，增长他们的才干，抒发他们的感情，从而调动他们的积极性，使他们受到教育。常见的主题班会形式如下：

1. 报告式主题班会

围绕某个教育主题，举办专题报告会，报告人可以是校外的，也可以是校内的领导或老师，有时也可以围绕一个主题让学生上台演讲。报告主要是结合当前形式等教育内容，针对某一时期学生的思想而举办，只有以真正学生关心的问题来举办的班会，才能引起他们的兴趣，产生良好的教育效果。

2. 娱乐式主题班会

游艺（游戏、文艺活动）形式的主题班会使教育包含于娱乐之中。现在的学生求知欲强，求奇、求活的热情高，针对这一特点可以将一些思想教育贯穿其中。例如，开展读一本好书，学一位英雄的活动，然后让学生编排出各种各样文艺节目进行表演，在节目中学习英雄人物的高尚品质。应注意的是举办娱乐式的主题班会不能单纯为了玩，要在娱乐中体现教育意义。

3. 汇报式主题班会

要求学生在周末、节假日进行调查与采访，然后在班级举办一次主题班会让大家汇报各自的调查结果。组织这种班会前，班主任要周密布置，学生则要制订调查计划，不然，学生可能走马观花看不到实质，最终使活动流于形式。

4. 成果展示式主题班会

这类主题班会可与学生的课外活动有机结合。学生课余时小发明、小制作、集邮、手抄报等都不少，可以不定期地把他们的成果进行一次展览，让他们以实物向大家进行汇报，这无形中会成为激发他们的动力，班主任则要积极给予指导。

5. 情景再现式主题班会

例如，教育学生学习长征精神，激发爱国热情，班主任可以让学生在教室里布置一些红军长征的图片，让学生都穿上小军装，带上小军帽，在这样的情景再现式主题班会中，学生很容易走进班主任创设的情景，激发情感。

总之，主题班会的形式各种各样，远不止上述几种，究竟采用何种形式，要因时因事而定，且要常开常新，切忌单一，只有这样才能收到良好的教育效果，达到教育目的。

四、如何开好主题班会

有些班主任害怕开班会，特别是主题班会，常常不知从何入手。因此，有些班级一个学期也不开一次主题班会，班会课常常变成自习课。其实，主题班会就是围绕一个中心内容，有目的、有组织地进行的班集体成员的自我教育活动。一次好的主题班会，能引起班集体成员的共鸣，使得他们懂得思考且敢于发言，形成自己的见解。

那么，怎样组织和召开主题班会，才能更好地发挥教育作用？

1. 主题确定

一次成功的主题班会，主题具有导向作用，它将影响班会的发展方向，以及是否达到预期目的。那么，如何进行主题的确立与策划？主要在于把握两个原则：教育性、实效性。

主题班会必须有明确的教育目的，且自始至终贯穿班会。主题必须具有鲜明的目的，决不能走过场。例如，可以围绕核心价值观中"爱国"主题开展班会，激发学生爱国主义情怀,也可以结合"五一劳动节",开展为身边的劳动者点赞的主题班会等。

在策划主题班会时,必须思想明确,明确主要是解决什么思想问题,教育性应该怎样贯穿。只有这样,主题班会才有实效,才不会流于形式。

主题班会必须符合学生的实际,具体来说,就是根据学生所处年龄阶段的身心特点和思想发展的脉络,结合学校、家庭、社会生活实际,针对学生在思想、学习、生活方面出现的问题,广泛选取题材,进行筛选、提炼、策划、组织,及时对学生进行教育。例如,面对即将毕业的学生,他们经过五年的相处,同学之间结下了深厚的友谊,彼此依依不舍。作为班主任,应该抓住这个契机,及时地对学生进行点拨、引导,组织诸如"珍惜友情""五年同窗情"为主题的班会,这样的班会非常贴合学生的实际,容易激发学生的情感。

2. 呈现形式

班会的主题确定之后,第二步就是选择呈现形式。主题班会不同于班会说教,它的呈现形式要丰富多彩,要让学生能接受、喜接受,并充分发挥他们的主体作用。要把主题班会的教育性与趣味性融为一体。

主题班会要适合学生的年龄特点,寓思想教育于生动活泼的形式之中。小学生正处于长知识、长身体阶段,他们思想活跃,乐于思考;他们精力充沛、活泼好动,有多方面的兴趣爱好,有强烈的求知欲望;他们喜欢参加新颖活泼、知识性强的活动,对抽象的、空洞的说教不感兴趣。因此,主题班会必须适应学生的这些特点,开展生动活泼的活动,把思想教育渗透到活动之中。

(1)调动学生的感觉器官

人们认识事物靠什么?靠自己的感觉器官(眼耳鼻舌身),感觉器官的本能就是"活动",主题班会有没有趣味性就看能否把孩子们的各种感觉器官都调动起来。如在教育学生遵守交通安全的主题班会上,老师就可以把教室布置成模拟的街道,让学生在走一走、看一看的过程中对交通安全有深刻的认识。再如,在教育学生学会垃圾分类的主题班会上,老师就可以带几个小型的分类垃圾桶,让学生分辨这些分类垃圾桶的不同,学着把垃圾进行分类,并丢到相应的垃圾桶里,这样的主题班会课,学生的感受一定比说教式的班会课强。

（2）激发学生形象思维能力

由于条件、能力的限制，有些事物学生不能直接感觉到，如果要学生明白时间很宝贵，班主任用"一寸光阴一寸金"的说教是无法激发学生们的积极性的。此时，可以利用学生形象思维比较发达这个特点，通过语言词汇、动作、模型、道具等生动形象的形式开展活动。具体来说，就是针对孩子们的特点，运用拟人、假想、科学幻想等方法，让他们能在活动中感受，如可以开展"小闹钟发脾气""时间老人的礼物"等活动，让学生们在参与的过程中接受教育。

（3）鼓励学生积极参与互动

主题班会的策划与实施离不开教师的指导，但更重要的是使学生成为班会的主人，并充分发挥他们的作用。因此，在准备、组织主题班会的过程中，班主任要充分相信学生、指导学生，让学生既当主人又当参谋，各项事务不要由老师包办代替。例如，要对学生进行热爱家乡的教育时，班主任可在会前组织学生进行家乡调查，让他们去查阅家乡的历史和现状，然后让他们把调查结果在班会上交流。这样，仿佛在同学们面前展现了一幅幅美丽的家乡画卷，同学们在活动中深受鼓舞，为自己生活在这样的家乡而自豪，也坚定了早日成才，把家乡建设得更美好的信念。

3.后续影响

一次成功的主题班会，班主任除了认真考虑主题班会的主题、呈现形式外，还要善于深化主题和巩固成果。要使主题班会真正起到教育作用，决不能忽略最后一个环节，就是深化主题和巩固成果，也就是在班会后进行"追踪教育"。一是在主题班会之后，及时收集来自学生的信息反馈，抓住学生思想情感方面的变化，继续引导，促其升华。力争在每次活动之后，让学生们在心灵深处留下一点有价值的东西，并使他们在行动上有所表现。二是在班会作出的决定，班委会要认真监督执行，并付诸行动。例如，在作了"做个文明游戏的好苗苗"主题班会后，就要及时表扬那些文明游戏的学生，对那些依然在游戏中表现出不文明行为的学生进行批评教育，只有这样，主题班会的成果才能得到巩固。

五、开好主题班会应注意的问题

1. 克服班主任"一包到底"的现象,强调学生的主体性

主题班会的目的是提高学生的自我认识能力和自我教育能力,因此,学生主体作用的发挥尤为重要。主题班会成功与否取决于学生参与的态度和创造性的发挥,学生的主动性越强,主题班会的教育效果就越好。所以,班主任扮演的角色应是一位"思考者"或"指导者",需要在主题和形式的选择、激发学生的兴趣、调动学生的积极性等方面下功夫。在班会的准备、组织和开展中,班主任要充分信任学生,大胆任用学生,把班会变成学生展示的舞台。这样,学生通过自己准备、组织和参与,能够从中得到锻炼,班会的教育目的自然而然也就得到了有效实现。

2. 克服对学生"放任自流"的现象,发挥教师的主导性

不少班主任在主题班会中仅仅是一个"倡议者",或者是被动的"附和者"和"旁观者",不了解班会的全部内容,也不参与总结和点评,更谈不上引导,有的班主任甚至是坐在教室里一边批改作业,一边看班会的进展。有的则是平庸的"参与者",能总结但词不达意,能参与但缺乏引领。因此,不少主题班会看似热热闹闹,实际上是效率很低的。班主任一定要发挥主导作用,设计每期的主题班会,从而训练学生的口头表达能力、反应能力、思维创造能力,千万不要以忙或学生素质差为借口一推了之。

3. 克服"形式大于内容",注重教育实效性

有些班主任将主题班会搞成了联欢会、联谊会;一些班会过于注重形式,将主题班会变成了时事教育,内容空洞,缺乏针对性、层次性,教育目标不明确。主题班会很难起到启智、明理、怡情、育德与导行的作用。因此,主题班会所呈现的形式必须和教育的主题有机结合,注重教育实效性。

4. 克服教育过程中"虎头蛇尾"的现象,深化德育的延伸性

可能不少班主任都有这样的认识:班会结束了,任务也就完成了。但是,德育目标真的达到了没有?如果在准备主题班会的过程中花费了很多精力,班会

活动一结束便松懈下来，而不进行深入细致的巩固工作，那么就是真正的"虎头蛇尾"。

在我们身边，优秀的主题班会有很多，只要留意观察学生的言行举止，关心他们的学习生活，选择贴近学生、贴近生活、贴近时代的主题，和学生一起组织、策划形式多样的主题班会，必定能引起学生共鸣，引导学生成长。

> 如何才能根据主题设计一次既有教育意义，又形式活泼，易被学生接受的主题班会呢？让我们来看看下面几份主题班会活动方案。

案例一　"爱国货，从自己做起"主题班会

一、设计由来

爱国主义教育一直是学校教育的重中之重。通常，爱国主义教育都以说教为主，泛泛而谈的说教只会让学生觉得乏味，产生抵触情绪。那么怎样的爱国主义教育才能真正走进学生的心里？

2013年3月，中国国家主席习近平及夫人彭丽媛出席金砖国家峰会时的穿着引起了人们的热议。老师由此想到，是否可以从这个点出发，引发孩子们对于国货品牌的关注，激发学生发扬国货品牌的内心情感。

因此，在设计主题活动时，老师就创设了一个爷爷和孙女两人看新闻的情境，通过新闻联播的形式把和孩子们生活比较相关的几个国货品牌串联起来。在众多的品牌中，老师选择了知名度很高的"回力"鞋；不断进行产品的开发，赢得新消费者的"百雀羚"润肤露；忠于原味、忠于经典、经久不衰的"大白兔"奶糖，让学生从中感受到国货品牌的强大生命力以及知名度。

当然，老师也没有回避在现实中国货品牌依然存在的问题，如产品质量不合格、技术更新不够等。

二、教育目标

1.通过生动的展示，让学生对于国货品牌及其发展有一定了解。
2.使学生对于成功的国货品牌心生敬佩，对于失败的品牌有一个重新的认识。
3.通过对国货品牌的认识，激发学生爱国的热情。

三、教育过程

1. 使用国货是一种国籍身份的象征

爷爷在看报纸，小孙女在一旁认真地写字。

爷爷：你在写什么呢？

孙女：爷爷，劳动节要到了，妈妈说要带我去购物，我正在列自己的购物清单呢！

爷爷：什么？小小年纪你都有购物清单了？快，说给爷爷听听，你都准备买些什么？

孙女：爷爷，你看。（孙女出示自己列的清单）

 穿：一套阿迪达斯运动服、一双耐克球鞋；

 用：一瓶贝亲的润肤霜；

   一支派克的钢笔；

 吃：一盒瑞士莲糖果。

爷爷（疑惑）：你为什么都要买国外品牌的商品？

孙女（得意）：爷爷，你不懂了吧，国外品牌的商品，好着呢！

爷爷（有些生气）：什么？国外品牌的商品一定比我们的国货好？

孙女：那是啊！国外品牌的商品质量好，而且还很有面子！

爷爷：错！我们中国有很多著名的品牌，无论是它悠久的品牌历史，还是经久不衰的口碑，都应该成为我们每一个中国人的骄傲。

孙女：真的是这样吗？

爷爷：当然啦！你快来看看，我手上的这张报纸不就在进行这样的讨论嘛！

孙女：让我看看，（仔细看了看）原来我们真的有这么多国货品牌啊！那么这些国货我们现在还在用吗？

爷爷：当然啦！作为中国人，在很多重要场合我们用的都是国货。不信，你快来看，新闻联播正播着呢！

新闻联播：国家主席习近平应俄罗斯联邦、坦桑尼亚联合共和国、南非共和国以及刚果共和国的邀请，于2013年3月22日至30日对上述四国进行国事访问，并出席在南非德班举行的金砖国家领导人第五次会晤。

习近平主席的夫人彭丽媛女士陪同出访。出访期间，彭丽媛以其优雅得体的着装引起世人关注，并受到海内外媒体称赞。经过了解，这些服装均由本土设计师自主设计，由此也引发了大家对于国货的追捧。

孙女：爷爷，真没有想到，国家领导人在重要场合穿的都是国货，我觉得这展示的就是我们中国人的风采。

爷爷：那是当然！除了领导人在外交场合穿国货，在其他重要的场合里出现的也都是国货。你来看看，知道这是什么场合吗？

孙女：我知道，这是奥运会啊！是全世界最重要的一次运动盛会啊！

爷爷：是呀，你看每一次奥运会入场仪式，各国运动员都会穿上代表自己国家特色的服装出场。特别是每一次领奖的时候，当国歌响起，运动员们都会特别骄傲和自豪。他们穿的正是我们中国人自己的运动品牌"李宁"！瞧，从1992年开始，"李宁"品牌一共赞助了中国运动员参加了四届奥运会。

孙女：爷爷，我知道，李宁原来也是一名运动员，退役后就创办了以他名字命名的运动品牌。

爷爷：是的，当李宁还是一名运动员的时候，每次参赛穿的都是赞助商提供的服装。退役后，李宁就下决心，一定要让中国运动员穿上国货品牌的运动服，于是就有了你刚才看到的这些。

孙女：原来是这样，那我也不穿国外品牌的运动服了，我就要买一套"李宁"的服装，穿上后展示自己的风采。

2. 国货品牌不断创新，焕发新的生命力

新闻联播：彭丽媛随习近平出访期间，参观了坦桑尼亚妇女与发展基金会，国货品牌产品"阮仕珍珠"礼盒、"百雀羚"护肤礼盒以及蜀绣等成为赠品。

这些国货礼品得到盛赞，消息一经传出，立即在国内掀起了一股追捧国货的热潮。

爷爷：你有没有注意到，这次我们的领导人出访时赠送的护肤礼盒是什么品牌的？

孙女：让我想想。对了，好像是"百雀羚"的。

爷爷：是呀，当年"百雀羚""美加净""友谊""海鸥"等一些老品牌都是最时尚的，你奶奶就喜欢用。

孙女：我想起来了，我们班级有一个小队还特别进行了一次调查呢！

小队活动调查展示：我们小队到超市进行了国产品牌调查。经过调查，我们发现超市里有很多国产护肤品牌，有美加净、六神、隆力奇等。让我们印象特别深刻的是"百雀羚"的护肤品，不仅有4.9元的老包装商品，还有很多新研制的商品，甚至还有了礼盒包装，这让我们大开眼界。

我们小队还在网上进行了调查，发现如今人们对于国产护肤品牌的购买量较以往有了很大的提高，我们在"百雀羚旗舰店"发现，一套标价为155元的"水嫩倍现"面部护理套装，一天的销量就达到210件，是以往3天销量的总和。

我们小队还特意带了一些"百雀羚"护手霜，请现场的各位老师进行试用。

孙女：爷爷，我真没有想到，这些只有几元钱的护肤品，竟然有这么好的效果！

爷爷：虽然这些老品牌已经有几十年的历史，可是他们并没有停留在过去，而是通过自己的努力，不断进行技术研发，所以他们的产品不断更新，受到越来越多年轻人的追捧。这次国家领导人也把"百雀羚"经典套装作为国礼相赠。

孙女：那么，有没有儿童护肤品的国货品牌呢？

爷爷：问问你们同学不就知道了吗？

几位同学介绍：经过调查，我们发现儿童护肤的国产品牌也有很多，有"孩儿面""郁美净"，等等。

孙女：原来有这么多品牌啊，我也要试试。

（说完，去改自己的计划）

3. 国货品牌国外出名

爷爷：对了，刚才你说想买一双国外品牌的运动鞋？

孙女：耐克、阿迪达斯、彪马都可以啊！

爷爷：不管什么鞋，你说的品牌一定没有我脚上的好！

孙女（俯下身）：您的是什么牌子的鞋子？

爷爷："回力"球鞋。

孙女：爷爷，我说的耐克鞋一双得好几百甚至上千呢！您的这双鞋肯定比耐克鞋要便宜很多。

爷爷：价格贵的一定就是最好的吗？

新闻联播：巴黎老佛爷商场是世界顶级的奢侈品商场，"回力"球鞋也曾出现在此。如今，"回力"球鞋已成为外国朋友眼中的中国奢侈品。"回力"的广告频繁出现在各种时尚杂志上，"ELLE"在2006—2007年对"回力"进行了四次报道，"回力"成功跻身巴黎香榭丽合大街各大专业运动鞋店；"回力"在法国的代理商已经有160多家。一双"回力"球鞋售价为68欧元，相当于人民币500元。

孙女：天哪，这双鞋竟然在国外有这么高的知名度！

爷爷：这双鞋还有一个故事呢！

（演绎"回力"球鞋的故事）

孙女：爷爷，现在我知道，有些我们自己都忽视的国产品牌，因为有了全新的包装，成为全世界追捧的品牌，作为中国人，我们更应该穿自己的品牌，穿出我们中国人的风采。

爷爷：那你的计划有变动了吗？

孙女：当然，我也要买"回力"球鞋。

4. 老品牌保持经典，经久不衰

爷爷：说的好，奖励你一颗"大白兔"奶糖！

孙女：爷爷，这糖真好吃，奶香味十足。

爷爷：看，新闻里正介绍呢！

新闻联播："大白兔"奶糖已经成为中国首屈一指的糖果品牌。周恩来总理在1972年将"大白兔"奶糖赠予访华的美国总统尼克松。随着我国经济增长，无论城市还是农村依然对"大白兔"糖果的需求有增无减，尤其在农历新年期间，不少家庭的糖盒里依然有"大白兔"奶糖的身影。目前，"大白兔"奶糖远销50个国家和地区。

爷爷：这可是我们小时候最爱吃的"大白兔"奶糖。它可是用纯牛奶做的。小时候，我们没有牛奶喝，就把七颗奶糖放在水里溶化，过一会儿就能喝到一杯香甜的牛奶了。

孙女：什么？七颗糖还能化成一杯牛奶？那不是得多吃点。

爷爷：小馋猫，好东西得给大家一起分享，快，分给大家一起尝尝吧！

（学生现场分糖果）

孙女：爷爷，除了"大白兔"奶糖，还有哪些糖果也有这样经典的好味道？

爷爷：多了，小朋友们都调查过，你问问他们吧！

孙女：谁知道还有哪些好吃的糖果。

（同学们交流：山楂片、花生牛轧糖、话梅糖、麦丽素椰子糖）

孙女：啊！有这么多好吃的，我每一样都要吃！

爷爷：虽然很多糖果的包装不一定是最精美的，但这些国货的品牌一直忠于原味，并且在质量上给予可靠的保证，所以正受到越来越多的人的喜爱。正是这样不变的老包装才成为了一代人心中的经典。

5. 国货品牌的衰落

爷爷：还有什么想买的？

孙女：进口钢笔。

爷爷（笑着）：买钢笔你问我就对了，你忘了？我退休前可是英雄钢笔厂的老员工啊！

孙女：对了，我想起来了，您还被评为先进工作者呢！

爷爷：是呀，那时能有一支我们厂生产的钢笔是一件很了不起的事情呢！可是现在，哎……

孙女：现在怎么了？

爷爷：看新闻怎么说吧。

新闻联播：承载了几代人记忆的"英雄金笔"似乎慢慢被人们忘却。经历了近半个世纪的辉煌后，不合时宜的多元化战略让英雄金笔背负了巨大的资本负担。2012年11月19日，上海英雄金笔厂有限公司提出申请，以250万元的价格转让公司49%的股份。随之而来的是"英雄"品牌的渐渐淡出。

孙女：什么？爷爷，你不是说能拥有一支"英雄金笔"是一件很了不起的事情吗？

爷爷：（难过的样子）

孙女：爷爷你怎么了？为什么看上去这么难过？

爷爷：哎，"英雄"多好的一个国货品牌啊，还有像"三鹿"婴儿奶粉、"双汇牌"猪肉产品等，我真为这些国货品牌感到着急。

全体：爷爷，您不要着急！

今天，我们记住了经过重新包装，在世界上有非常高知名度的国产品牌——"回力"球鞋；

我们记住了不断进行产品的开发，赢得了新的消费者的国产品牌——"百雀羚"护肤品；

我们记住了忠于原味、忠于经典、经久不衰的国品牌——"大白兔"奶糖；

我们更相信，只要我们努力，认真研发、保证质量，将来一定也会让"英雄"钢笔、"三鹿"婴儿奶粉等国产品牌重新成为我们的骄傲。

老师：孩子们，你们说得真好。

作为中国人，我为我们国家的每一个品牌感到自豪。一个品牌一定有一个故事，一个故事后更有一代又一代人的默默付出。我们中国有几千年的历史，了不起的国产品牌更是不计其数，有很多人为这些品牌作出了努力。

全体：爷爷，我们都是中国人，我们爱自己的品牌，更爱自己的国家，我们一定会努力，不仅要让老品牌焕发新的光彩，更要向李宁叔叔那样，通过自己的努力，创造属于中国的新品牌。

案例二 "社区文明，我行动！"主题队会

一、设计背景

为了更好地建设生活的社区，大队部向全体少先队员提出"文明进步一点点，美好生活一天天"的要求，队员们也在积极参与着各种活动。可是作为一名小公民，同学们还能做些什么？作为一名中队辅导员，很希望通过主题班队会真正让学生感受到，美丽的上海需要我们每个人共同努力和参与，我们的点滴行为都可能影响着上海。

于是我选择了"社区"——一个学生最熟悉的生活场所开展活动，特别是学校隔壁的华师大一村，我们中队有近一半的队员生活在那里。社区作为一个反映市民文明程度的窗口，还存在一些问题，因此，希望通过主题队会让学生看到身边的不文明现象，更能为此献计献策，用自己的实际行动为社区文明尽一份自己的力量。

于是，队会由一位为社区文明建设感到头疼的居委会主任和她外孙女的对话引入，展现保持社区环境、爱护公共设施、减少车辆乱停放、文明养宠物、不破坏绿化以及和谐的邻里关系这些方面，同时通过建立社区志愿者队伍以及社区岗位等形式，把构建"文明社区"真正落实在行动上。

二、教育目标

1. 认知与技能

（1）了解在社区中存在的不文明现象。

（2）知道作为一名四年级的少先队员也可以为社区文明做一些自己力所能及的事情。

2. 过程、能力与方法

（1）通过小队活动，进一步增强队员之间的合作意识。

（2）通过运用课上学到的知识，自己设计调查问卷、完成统计、制作调查报告。

（3）能在队会上汇报自己调查的结果。

3. 情感、态度与价值观

（1）能积极参与活动。

（2）在发现社区文明建设中存在的问题后，积极提出自己的改进建议。

（3）愿意通过自己的实际行动参与社区文明的建设。

三、前期准备工作

1. 中队辅导员组织中队干部开会讨论，设计主题队会框架结构。

2. 六个小队从不同的角度对社区文明进行调查：

探索小队队员对社区的环境卫生进行调查，讨论并提出改进意见；

彩虹小队的队员调查社区居民公共设施的使用情况，讨论并提出改进意见；

快乐豆小队的队员对社区乱停车现象进行调查，讨论并提出改进意见；

水精灵小队的队员调查邻里关系，讨论并提出建设和谐邻里关系的建议；

阳光小队的队员调查社区不文明养宠物的现象，讨论并提出改进意见；

旋风小队的队员调查社区破化绿化现象，讨论并提出改进意见。

3. 中队委员把各小队的调查及改进意见进行整理、汇总。

4. 制作社区志愿者标志。

5. 邀请华师大一村居委会主任参加本次主题队会。

四、实施过程

1. 队仪式

    整队、三级汇报：小队长、中队长、中队辅导员；

    出旗、敬礼；

    唱队歌。

2. 队会过程

    （1）通过外孙女和外婆的对话引出本次队会的主题——"社区文明，我行动！"

    外孙女（以下简称"女"）：（拿着一幅上海外滩的摄影作品）瞧！上海多漂亮啊！

    外　婆（以下简称"外"）：（上场）

    女：外婆，你看我们的上海是不是越来越美丽啦！

    外：是呀，上海是个繁华的大都市，我们每个人都应该为建设好这个大都市出一份力啊！

    女：那是当然！

    外：你不知道，我作为华师大一村居委会的主任正愁不知应该如何提高我们社区居民的素质，改掉居民身上的陋习呢！

    女：您不用着急，我来帮您。

    外：你？你怎么帮我？

女：今天我们中队在进行"社区文明，我行动！"主题队会，您和我一起去参加吧！

外：好，我们快走吧！

（2）几个小队分别从社区环境卫生、保护公共设施、减少乱停车、和谐邻里关系、文明养宠物、保护社区绿化等方面交流自己的调查采访情况，并提出改进方案。

女：队员们，今天我的外婆也来参加我们的主题队会，大家欢迎吗？

同学们：欢迎！

外：队员们，大家好，今天外婆可是想得到你们的帮助哦！

女：我的外婆是华师大一村的居委会主任，最近正愁着不知如何提高社区居民的素质，改掉他们身上的陋习呢！

外：说实话，我最愁的是我们小区的环境卫生问题，你们不是每周都到我们社区进行社会实践活动嘛，你们最熟悉了。

女：是呀，干净整洁的环境非常重要。探索小队就进行了这方面的调查，我们来听听他们建议吧！

> 探索小队的队员通过调查报告的形式交流对社区环境卫生调查的情况，并提出改进的意见：如在社区公共道路上增加垃圾箱方便人们丢垃圾、通过社区黑板报以及广播增强宣传力度并请志愿者协助管理。

外：你们的主意可真棒呀！太谢谢了！

（外孙女一瘸一拐地上场）

外：宝贝，你怎么了？

女：刚才我看到社区里有很多健身设施，就忍不住想玩，可没想到有的设施被破坏了，我没注意，所以扭伤了。

外：伤得严重吗？

女：应该不严重，休息一下就能恢复。

外：瞧！要担心的问题又出现了，很多居民根本就不爱惜社区里的公共设施，这可怎么办？

女：外婆，你别急，让彩虹小队的队员来帮您解决吧！

> 彩虹小队的队员通过在社区拍摄到的居民故意破坏公共设施以及公共设施毁坏情况的照片，向队员们呈现现实的情况，并提出改进的意见，如居委会应该先请人修理损坏的设施，在公共设施的周围张贴正确文明使用的说明，请志愿者协助管理等。

外：彩虹小队队员提出的意见可真不错，回家我就要和居委会的干部们商量一下。

女：（高兴地）这样我以后就不会在受伤了。

女：外婆，说到公共设施，让我想到了社区里的公共道路，乱停车的现象也是比较严重的。

外：就是呀，为了停车的问题，居民们还发生过不少矛盾呢！

女：我知道，快乐豆小队就正要对个问题进行讨论，要不我们听听他们是怎么说的。

> 快乐豆小队的队员将采访停车者以及实地考察的情况进行汇报，并提出改进意见：如在小区可以停车的地方标明停车线，写上相对应的车牌号，加强惩罚力度，并把乱停车的号码公布在社区里的黑板上等。

女：这样，应该就不会再出现乱停车的现象了。

外：那最好了。

女：外婆，刚才李阿姨找你，看上去好像很着急。

外：我知道了，肯定又是她楼上的两个邻居吵架了，过会我去处理。

女：他们为什么要吵啊？

外：还不是楼上的邻居在楼道里堆放杂物影响别人走路，因此发生了矛盾。

水精灵小队队长：外婆，您不用急，我们来帮您。

> 水精灵小队的队员通过表演，再现电视节目《新老娘舅》的场景，调解邻里之间的纠纷，并提出解决方案：如可以把小区中热心并有空闲时间的居民召集起来，成立"老娘舅"志愿者队伍，帮助居委会调解纠纷，还可以通过楼道文明公约规范居民的日常行为，也可以通过评选文明居民、文明家庭的形式对做得好的居民进行鼓励等。

外：这真是一个好主意，谢谢你们。

女：外婆，你听，这是什么声音？

外：好像是小狗的叫声。

女：我最害怕狗了，可就是有很多人遛狗时不用绳子牵住狗，太不文明了。

外：关于这个问题，我们居委会已经做了很多工作，可效果并不好。

阳光小队的队长：外婆，我们来帮您。

> 阳光小队把自己对于养狗者的采访情况，以及在社区进行不文明养狗的调查报告进行交流，并提出整改方案：如可以在小区辟出专门的场地供养狗的居民遛狗，给养狗的居民发放小扫帚和清便袋，通过宠物展览及评比的形式让更多的人爱上小狗等。

女：我不再害怕了。

女：外婆，你看有人在破化绿化。

外：谁都知道绿化对于我们的重要性，可是破坏绿化的事件还是屡屡出现，怎么办？

女：听听队员们有什么好办法吧！

> 旋风小队把调查社区破坏绿化情况的照片进行展示，并分析造成这个情况的原因（如底楼居民晾晒衣服不方便），并提出整改方案：如考虑到底楼居民特殊情况，可以在楼外建设一些美观的晾衣架，便于晾晒，并组织志愿者协助管理等。

外：你们说得真有道理，我按照你们的方安试试。

（3）中队主席将调查报告送给居委会主任，这份报告将协助居委会搞好工作。

外：真没想到，你们的队员还真有办法呢！

女：当然啦，我们的队员在双休日利用小队活动的时间对社区进行了调查，队员们不仅进行了分类调查，还制作了调查报告并提出了改进意见。

外：今天参加你们的主题队会让我收获很大。

（中队主席上场）

中队主席：外婆，您好！我是四（4）中队的中队主席，在队员们调查讨论的基础上，我们进行了汇总，我们把这份汇总作为礼物送给您，希望能对您的工作有所帮助。

（向外婆赠送礼物）

外：太谢谢你们了，你们的礼物对我帮助太大了。

（4）成立社区志愿者服务队（授旗、挂牌），协助居委会开展工作。

  中队主席：外婆，我们中队有一半的队员都生活在华师大一村，所以那些队员想成立志愿者服务队帮助您一起管理社区，您看可以吗？

  外：太棒了！

（中队辅导员向志愿者服务队的队长授队旗、挂牌，中队辅导员邀请华师大一村居委会主任上台讲话）

3. 队仪式

  中队辅导员讲话；

  中队辅导员带领呼号；

  退旗；

  中队主席宣布主题队会结束。

五、效果说明

  在整个活动中，队员们充分发挥了主动性，把活动前在社区调查时发现的问题以及解决方案向居委会的主任诚恳地提出。活动中，居委会主任感触非常大，对于成立这样的志愿者小队非常支持。队员们穿上志愿者的服装，每个人都非常神气，并承诺用自己的热情与微笑为社区服务。

  整个主题队会让队员们感受到社区就在我们身边，并愿意为社区贡献一份自己的力量。

  "策划并主持一次主题队会"相关视频资料请扫书后二维码。

❓ 思考与实践

  根据班级实际情况或是学校的主题活动，设计完成一份主题队会的方案设计。

表 5-1　主题班（队）会记录

学校		年级、班级		执教时间	
班会主题				执教老师	
目标与要求				设计要点	
主题班会的组织与实施					
评价					

第二章　积极组织社会实践

一、对社会实践活动的认识

　　小学阶段是一个人全面发展的重要时期，也是形成良好道德品质，养成正确行为习惯的奠基阶段，更是学生开展社会实践活动的最佳时期。小学生的认知能力、认知结构都不完善,他们需要成人,特别是教师的指导和引导,一味说教肯定收效甚微,而实践活动是他们所钟爱的。

活动,无论是自发的还是有专人指导开展的,对于学生来说都是最佳的学习形式。在活动中,他们的情绪高涨,也最容易接受知识。

社会实践活动是现代学校培养学生的一种重要形式,是学校在教学计划和教学大纲范围之外对学生实施的各种有计划有组织的教育;是在课堂教学之外,由学校组织指导或由校外教育机构组织的,用以补充课堂教学,实现教育目标的一种教育活动;是根据受教育者以及教育教学的需要,在教育者的直接或间接指导下,实现教育目的的一种活动。它和其他活动形式相比,最大的不同就是社会实践活动是离开了学校范围开展的活动,因此它的内容更丰富,形式更多样,涉及的领域也更广泛。

二、开展社会实践活动的意义

社会实践活动是一种重要的教育形式,它在学生的身心发展中有着重要的意义,并起着重要作用。

1. 社会实践活动是学校教育工作的组成部分

社会实践活动不仅能加深、巩固和扩大课堂上所学到的知识,而且能不断地获得新的知识。受教育者可以把在课堂上获得的知识运用于实际,从而加深知识的理解。在已获知识的基础上进行实践操作,能不断地发现新知识,掌握新技能。内容丰富多彩、形式多种多样的社会实践活动,还可以激发受教育者的学习动机,推动受教育者不断探求知识、刻苦学习,并且能够培养和发展受教育者的创造能力以及手脑并用的能力。

2. 社会实践活动能有力促进学生思想道德建设

社会实践活动可以培养受教育者良好的思想品德,丰富和活跃受教育者的精神生活。在社会实践活动中,通过进行多种形式的传统教育活动,提高受教育者的思想政治觉悟,培养受教育者热爱祖国、热爱人民的情感;通过参观访问,学习现实生活中的先进人物、先进事迹等,使受教育者思想认识不断提高;参加社会公益劳动，争做好人好事，可以提高受教育者的良好道德品质；参加社会志愿服务，也有利于培养学生服务社会的意识。

3.社会实践活动可以使脑力劳动和体力劳动相结合

受教育者在参加体育活动时，可以增强身体素质；通过参观、动手制作等活动，可以发展其审美能力。参加有益的公益劳动等，可以培养受教育者的劳动能力，并掌握基本的生活技能。受教育者多方面能力的发展，能使他们愉快地生活，健康地成长，成为合格的社会主义建设者。

4.社会实践活动有利于学生在全面发展的基础上发展个人特长

每一个学生都有自己的兴趣爱好，社会实践活动有利于学生个性的形成和培养，是其个性得以充分施展的最好途径。

通过多种多样、丰富多彩的社会实践活动，使学生能够合理地安排闲暇时间，发挥自己的爱好、特长、聪明才智，从而发展自己、锻炼自己、完善自己。这种好的习惯一旦形成，将来走上社会，步入工作岗位时，也能坚持下去，使其受益终生。

5.社会实践活动可以锻炼受教育者的社会交往能力

受教育者生活在一个关系复杂的社会环境里，每一个人都应该学会与人交往。社会交往能力的学习与训练，能为受教育者在未来工作、家庭、社会生活中接触各种人、应付各种环境做好准备，为受教育者走向社会打好基础。

三、社会实践活动的特点

社会实践活动是教育体系的一个组成部分，是培养全面发展的一代新人的重要途径之一。社会实践活动与课堂教学虽然都是实现教育目的重要途径，但由于社会实践活动的活动内容、组织形式、活动方式等不同于课堂教学，因此，它又具有了自身的特点。

1. 社会实践活动的内容具有广泛性

社会实践活动可以根据本地区、本学校的实际情况或受教育者的不同意愿，开展丰富多彩的活动。它不需要像课堂教学那样，按照统一的教学大纲、教学计划和教科书的要求去做。活动内容可由学校或校外教育机构根据实际需要自行决定，内容可深可浅，可多可少，还可以不断变动，具有很大的弹性，不但各校不同，而且同校各年级不同，同年级之中的各班也不同。

不过，必须明确：社会实践活动的内容广泛，并不意味着活动内容可以漫无目的、随意选择。社会实践活动必须确保受教育者在参与社会实践活动后获得知识，提升思想品德和身体素质，各方面的能力在实践活动中获得发展。

2. 社会实践活动的形式具有很大的灵活性

社会实践活动的开展，可以根据学校的实际情况和受教育者的身心发展状况等来确定。活动规模的大小、活动时间的长短、活动内容的选择等都可以灵活掌握，没有固定模式，可以生动活泼、灵活多样。

不过，课外实践活动的灵活性并不意味着可以无计划、无组织、无步骤，反而要求根据不同情况采用不同的方法，不能千篇一律、一成不变。

3. 社会实践活动的开展过程具有很高的自主性

社会实践内容广泛、方式灵活，可让学生根据自己的才能和兴趣进行选择。社会实践活动有时是学校或校外教育机构统一组织的活动，还有很多时候则是在学校或校外教育机构的指导下，受教育者根据自己的兴趣、爱好、特长以及实际需要，自愿参加的活动。这样，不仅能发挥受教育者的积极性和主动性，而且能使受教育者的才能、个性得到充分发展，有利于受教育者个性、品德的培养。

当然，活动的自主性并不能理解为受教育者可以随心所欲的态度参与活动，这样无法达到活动的预期效果，同时也无法体现社会实践活动的真正意义。

四、社会实践活动的内容

1. 重要节日、纪念日活动

结合时事节日和纪念日组织学生开展各种活动。每年都有一些值得纪念的日子,结合这些节日可以开展很多丰富多彩的活动。如3月12日植树节,可以组织学生植树、护绿。4月5日清明节,可以组织学生到烈士陵园祭扫革命英雄,缅怀革命先烈。

2. 科学技术活动

科学技术是学生比较感兴趣的内容,因此可以结合这些内容开展社会实践活动,通过聆听科技讲座、参观展览、动手制作等让学生把所学的知识运用于实践,培养学生对科学技术的兴趣,扩大知识面,开发智力,加强创新精神和实践能力的培养。

3. 文学艺术活动

文学艺术活动能够陶冶学生的情操,培养学生正确的审美观和感受美、鉴赏美、创造美的能力,并发挥他们在艺术上的创造力。比如,可以带领学生参观博物馆、去陶艺馆制作陶艺等。

4. 体育保健活动

通过各种体育活动和比赛,使学生身体机能得到健康发展,不断增强学生的体质,学习各项运动的知识、技能和技巧,并养成自觉锻炼身体的习惯。比如,可让学生参加学校之间的友谊足球赛等。

5. 服务活动

组织学生参加社区服务和其他公益活动。公益活动不仅能培养学生热爱劳动的习惯,同时还能激发学生参与劳动的热情与积极性。比如,组织学生走进社区,参加义务劳动,去养老院和老人们聊天等。

五、开展社会实践活动的注意事项

1. 注意安全

安全是活动的保障。组织开展社会实践活动,一定要注意安全。老师制订社会实践活动计划时一定要把安全放在第一位,并尽可能地考虑周全。

参加社会实践活动,同学们将面对许多自己从未接触过或不熟悉的事情,最重要的是遵守活动纪律,听从老师或有关管理人员的指挥,统一行动,不能各行其是。

参加劳动,同学们必然要使用一些劳动工具,在这个过程中,要仔细了解它们的操作方法,严格按照有关人员的示范,并在他们的指导下进行。

学生要在指定的区域内活动,不随意四处走动、游览,对活动现场一些电闸、开关、按钮等,不随意触摸、拨弄,以免发生危险。安全措施到位,计划才能顺利开展。

2. 准备充分

考虑活动的每个细节,设想各种可能出现的情况,也可以请家长担任学生社会实践活动的辅导员,参与社会实践活动的设计,使整个活动准备更加充分,确保万无一失。如提前设计出行路线,要考虑到当天的天气、出行的交通保障等。

3. 注重形象

学生参加社会实践活动时,要注重形象。懂礼貌、讲卫生、守纪律,听从指挥,爱护公物,注意环保等。时时处处以良好的形象展现新时期少年儿童的风采,展现少先队员的风采。老师可以要求学生外出开展社会实践活动时穿好校服,这样既便于老师时刻关注学生的情况,也提醒学生注意自己的形象。

4. 及时总结

通过社会实践活动,孩子们自主设计、主动参与、关注社会的意识得到增强,各方面的能力得到锻炼,认识得以提升。所以,活动结束后及时进行总结格外重要。班主任可以要求学生在活动后进行活动小结,也可以制作专题片、手抄报等,当然,还可以有更多其他的表现形式。

六、开展社会实践活动对提升班主任育德能力的作用

1. 敏锐感受事物的能力

敏锐的感受力是班主任所应具备的。了解学生,尤其是要透过学生外在的表现,看到学生的内心活动,做到知人又知心。班主任要借助敏锐的感受力,捕捉教育信息,善于在学习、生活中发现可利用的社会资源,设计符合学生需要的社会实践活动,组织真正受学生喜爱又寓教于乐的社会实践活动。

2. 增强组织活动的能力

组织学生开展社会实践活动是班主任教育学生和建设班集体的重要形式。因此,社会实践活动的设计与实践都是对班主任组织能力的锻炼。一位优秀的班主任必须善于计划和组织学生的各项活动,在活动中还要善于根据实际情况的变化迅速作出决策,采取措施并进行调整。

3. 提升设计活动的能力

社会实践活动是班主任开展德育教育的一个重要载体,班主任要善于发现学生思想、行为中存在的问题,善于结合国家与社会教育要求,选择适合的教育方式,设计具有时代特征的、吸引全体学生主动参与的,且能达到教育效果的活动。

4. 提高资源开发的能力

实践活动的开展需受到要整个社会的重视,班主任的精心组织,家庭的积极配合,从而使社会实践活动在家庭教育、学校教育、社区教育三者之间架起沟通的桥梁,使班级管理锦上添花,促进素质教育焕发前所未有的活力。班主任在设计社会实践活动的过程中,要根据学校、社区、家庭教育资源现状,进行开发与利用,凝聚德育力量,强化德育功能,营造良好的社会大德育氛围,提高德育实效。

> 社会实践活动由于内容丰富、形式多样,受到学生的欢迎。一次好的社会实践活动应该目的明确、准备充分、安排合理,让我们看看下面几份实践活动的方案。

案例三　一次活动，一分收获
——一年级上海科技馆亲子活动

一、活动设计背景

对现在的学生来说并不缺少活动，各种艺术节、运动会、学科竞赛等层出不穷，在忙于参加各种活动的同时，试问有多少活动能真正让学生有所收获？

恰逢学校组织一年级学生进行科技馆的亲子活动，老师便设想把这样一次活动组织成能让学生真正从中有所收获的活动。

二、活动的设想

1. 充分发挥"亲子活动"的真正作用

所谓"亲子活动"，就是家长带领自己的孩子一同参与学校组织的集体活动。这样的集体亲子游活动不是第一次组织，以往老师们都采用分散活动的形式，每个家长带着各自的孩子进行活动，说实话，这样的亲子活动和家长自己带孩子游玩没有本质上的区别。既然想让学生从中有所收获，那么是否可以将"亲子游"单独活动的形式改成小组活动？家长在活动中除了起到帮助老师管理的作用以外，是否还能发挥家长的指导作用？通过这样的活动能否增进家长之间的沟通与了解？

2. 使集体活动区别于单纯的玩

"玩"是学生的天性，但是活动对于他们来说应该不仅仅只是玩，这样的集体活动除了让学生感受到玩的快乐，是否能让他们学到知识、学会交往、学会分享、学会观察？

三、活动前的准备

1. 告知家长活动目的以及需要家长配合的要求

亲爱的家长：

您好！

时间过得真快，孩子们已经在师大附小学习一个多月了。我想，您一定也看到了他们的变化和进步。作为班主任非常感谢您对于我工作的支持、理解和帮助。

10月11日，孩子们将迎来作为小学生的第一次集体活动，这对于他们来说有着很重要的意义，同时也是一次很好的教育机会，所以结合这次的秋游我将设计一系列的教育活动。

为此需要家长了解和配合做好以下一些事情：

（1）为了使整个活动能达到最好的效果，我将把学生分成六人为单位的活动小组，要求学生参与小组中的活动。

（2）在活动过程中学生也许会发生矛盾、遇到困难，希望陪同的家长让学生自己解决，不要包办，仅起到提出建议的作用。

（3）虽然这次是亲子游，但希望家长让孩子自己整理一个放秋游食品和物品的小包，不要和家长的物品混放在一起。

（4）在这次秋游的过程中，我会让学生找一些公共场所的标志，如厕所、电梯、出口等，希望家长在科技馆里能进行一些简单的知识介绍。请带好笔。

（5）为了回校后方便交流，我们将选择科技馆中的儿童科技园作为重要活动地点。

（6）为了让学生回校后在"秋游的收获"一课中能有一些更形象的画面，希望家长在秋游过程中协助我拍摄一些以下的画面：

学生在参观、游玩过程中和小朋友在一起的照片、录像，特别是在儿童科技园中的。

学生在和小朋友相处过程中互相帮助、一起解决问题等时的照片、录像。

学生一起吃午餐以及午餐后整理桌面（场地）的照片、录像。

学生在活动中表现不好的画面。（请放心，在班级交流时这些画面我都会进行处理，不会对学生本人造成影响）

非常感谢家长的支持与配合，照片或录像希望在活动后让学生用U盘复制后带到学校或通过邮件发给我。

让我们一起努力，使这次活动对于他们来说不仅是一次玩的过程，更是一次收获、一次成长的过程。

谢谢！

班主任：章琪琪

回执

学生_____的家长_____已经明确了活动的要求。（能　不能）提供相关的照片、录像资料。

相关资料将通过_____方式尽快提供给老师，作为教育的材料。

2. 自由结合，分成小组

考虑到这是一次集体活动，而且科技馆的场地又非常大，因此按照学生人数，以六个人为单位自由结合分成六组，并选出家长组长以及学生组长。为了便于联系，班主任把手机号码以及各个组员及其家长的联系方式给了每位学生，这为活动的顺利开展提供了保障。

3. 活动前，上好准备课

为了确保活动的顺利开展，班主任在活动前给学生上了准备课。准备课上除了让学生明确活动的目的和内容外，还指导学生如何以小组为单位开展活动，如何处理活动中出现的各种问题，以及应该准备的物品，如手表、垃圾袋等。

4. 在分散活动的基础上确定集中活动的地点

科技馆非常大，分散活动是最适宜的，可是如果以分散活动为主那就失去了集体活动的意义。于是，班主任在分散活动的基础上，根据学生的年龄特点，选择了"儿童科技园"作为集中活动的地点。

四、活动过程

1. 完成"小眼睛大发现"活动表

一到达上海科技馆，学生非常兴奋。在家长的配合下分完小组后，班主任便发给学生发一张"小眼睛大发现"活动表，要求学生以小组为单位完成活动表上的内容。

表5-2 "小眼睛大发现"活动表

小眼睛大发现

快用你的小眼睛找一找,在科技馆里有多少公共设施的标志,把找到的标志画在方框中。(找到几个就画几个)

小队里的每个同学都完成了吗?不要忘记帮助有困难的同学哦!

在儿童科技园里你看到什么?玩了什么?懂得了什么?赶快告诉自己的家长,请他们帮记录下来。

我看到了_____
_____

我玩了_____
_____

我懂得了_____
_____

如果小队里有些小朋友家长没来,怎么办呢?

这份表格主要有两个活动内容:寻找科技馆中公共设施的标志以及把自己在儿童科技园中看到的、玩的、懂得的内容进行整理,同时还对学生提出了两个要求,即帮助有困难的小朋友和家长没有来的小朋友。

2. 共同分享午餐

集体活动肯定与和父母在一起的活动有区别,其中表现最为明显的就是午餐的分享。为了让这次的午餐成为真正意义上的聚餐,班主任要求学生把自己的午餐和父母的分开整理,这为活动的顺利开展提供了保障。而且,午餐过程中学生学会了分享,所以吃得特别开心,吃得也特别多。

3. 共同整理场地

在活动中,把用餐的场地打扫干净也是这次活动的一个要求,作为小公民应该为保持干净、整洁出一份力。学生在家长的指导下,都参与到整理场地的工作中,完成得非常出色,得到了科技馆管理员的表扬。

4. 准时集合不迟到

班主任在分散活动的基础上选择"儿童科技园"作为集中活动的地点,不仅是因为这样做便于学生回到学校后的交流总结,更是因为考虑到这样做可以看看学生是否有强烈的时间观念,做到准时集合不迟到。从活动的实际情况看,学生由于在活动时都准备了手表,六个小组都准时到达集合地点。

五、活动评价

1. 评价者多元化

这次活动除了有老师作为评价者,还邀请学生家长以及学生自己评价,使评价更客观、更全面。

2. 评价内容多元化

这次活动没有用简单的"好""坏"进行评价,而是以"收获"为主题,进行七个方面的评价,如下表所示,分别是"合理带齐所需品""按时集合不迟到""学习科学小知识""认识公共小标志""同伴共处乐陶陶""保护环境齐动手"六个方面以及自己除此以外在其他方面的第七个收获,使评价更全面。

表 5-3　活动反馈表

你的七色花能开吗？　　　　　　　　　姓名

　　在这次的秋游过程中，如果你已经做到花瓣上的要求了就请你在这片花瓣上涂上最喜欢的色彩！

　　想想上课时讨论的内容，和爸爸妈妈一起商量，看看你还有其他收获吗？在第七片花瓣上写上自己的收获并涂上颜色，你的七色花就开了！

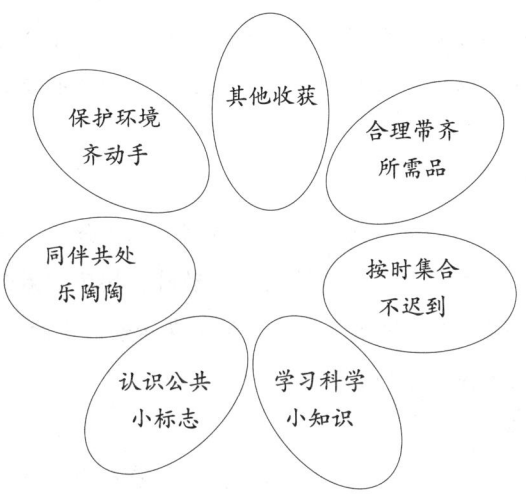

请你的家长也写一写活动的评价吧！

_____

_____

你的家长愿意和老师说几句吗？

_____

_____

_____

_____

六、活动中的收获

1. 学生的收获

（1）学会合作

在这次的活动中，有些内容是要求学生以小组为单位合作完成的，如整理午餐场地。很多学生以往和家长一起外出活动时，整理场地的事情从来都不管，这次不仅要求他们要把场地整理好，而且要求在这个过程中，学会分工合作。很多小组完成得非常好，谁负责清理，谁负责倒垃圾等都很明确，大家感受到了合作的快乐。

（2）学会知识

这次活动和玩最大的不同就是学生还学到了很多知识。在《小眼睛大发现》的活动表中就要求学生在"儿童科技园"活动时，按照"看到了""玩了""懂得了"分类别把自己的收获写下来，很多学生在活动后反映不仅在"儿童科技园"学到了很多，而且在科技馆的其他展馆也学到了很多知识。

（3）学会分享

班级里都是独生子女，不太会分享。在这次活动中，特别是一起聚餐时，他们学会了把自己的东西分给其他同学吃，不仅如此，学生还学会了和家长一起分享。除了分享午餐，学生还学会了共同分享活动中的快乐、共同分享自己在活动中学到的新知识。

（4）学会观察

这次活动和以往最大的不同是就是更强调了一种生存能力的培养。在活动中，班主任要求学生能在科技馆中找到一些公共设施的标志，这不仅仅是教会学生一些日常生活中的知识，更是一种观察能力的培养。活动中，学生找到了各种公共设施标志：电梯、厕所、安全出口、医务室、电话亭等，这对他们的日常生活会有很大的帮助。

（5）学会互助

这次活动中，有个别家长临时不能参加，也有个别家长临时有事提早离开，这就对其他学生提出了新的要求：学会互助。在《小眼睛大发现》活动表中，老师向学生提出了这样的问题："小队里的每个同学都完成了吗？不要忘记帮助有困难的同学哦！""如果小队里有些小朋友家长没有来，怎么办呢？"在活动后的反馈中，家长没来的学生表示大家都非常乐意帮助他们一起完成了任务。

2. 家长的收获

（1）增进彼此之间的了解

一年级的学生刚刚进校，家长之间也不熟悉，通过这次活动，家长们觉得彼此之间增进了了解，特别是分在一组中的学生家长有些还成了朋友，他们在一起共同交流教育心得，彼此都觉得收获很多。

（2）多方面了解自己的孩子

家长平时工作都很忙，和孩子之间的交流、接触的时间也不多，通过这次活动，家长更全面地了解了自己的孩子，包括孩子的交往能力、学习能力等。

（3）发挥了家长的指导作用

科技馆各种有趣的科学游戏蕴涵着丰富的科学知识，对于低年级的学生来说的确是充满探索、了解的欲望，小组内的家长就成了他们最好的指导者，他们为学生进行讲解，成了学生心中最了不起的"老师"。

案例四　在挑战中成长
——记东方绿舟"挑战自我"活动

一、亮点扫描

金秋的艳阳中，41名来自华东师范大学附属小学的快乐队员，以小队为单位，完成了一个又一个挑战任务，在完成这些任务的过程中，他们学会了合作、学会了交往，更培养了自己的创新能力。这群队员在这次挑战活动中快乐地成长着。

二、策划主旨

学校安排同学们去"东方绿舟"秋游，受到了很多同学的欢迎，那里不仅风景优美，更有很多适合学生活动的设施。以往的秋游活动对于学生来说只是可以玩，并好好吃一顿，但没有起到很好的教育作用。

班主任发现进入高年级后，学生有了很大的变化：开始关注自身的发展，很少关心周围的环境变化，更有些同学只认为学习重要，别的一概不管。因此，班主任结合这次秋游，设计了"挑战自我"的活动，希望通过一系列挑战项目，培养学生合作、交往的能力及关注周围事物的意识，提高他们的创新能力。

三、操作流程

1. 活动准备

（1）了解"东方绿舟"

经过了解，全班41名学生中有1/4曾经去过"东方绿舟"，但大多数学生对"东方绿舟"并不了解，所以在秋游前，班主任组织学生通过上网了解"东方绿舟"，并让去过"东方绿舟"的同学进行简单的介绍。同学们对"东方绿舟"特别感兴趣，对这次活动充满了期盼。

（2）自由结合，组成小队

"东方绿舟"占地面积很大，如果让学生以个体为单位开展活动不是很安全，如果全班一起活动又体现不出竞争的意义，所以经过同学们的商量，班主任决定"自由结合，组成小队"，以小队为单位展开活动。

全班41人，经过自由结合，一共组成7个不同的小队，通过队员们的讨论，他们有了自己的小队名、小队标志和口号：

像"精灵一样顽皮可爱"的精灵小队；

喊出"Happy every day"的 Happy 小队；

希望成为"冲破云层的太阳"的晨曦小队；

提出"只有想不到，没有做不到"的阳光少年小队；

要做到"展翅高飞，永不向困难低头"的蝴蝶小队；

要成为"战无不胜，攻无不克"的团结小队；

永远要"发出太阳一样的光芒"的阳光小队。

（3）明确要求，准备挑战

为了确保活动的顺利开展，在活动前班主任、班干部和任课老师商量后，提出了以下活动要求：

本次"挑战自我"活动，以小队为单位，全体队员都必须参加。

每个挑战项目都有规定的时间，如果时间结束依然没有完成，就算作失败。

以不同颜色的"星"作为评价标准，最后得"星"最多的小队就是本次活动的冠军。

每次挑战结束最终的评判结果由中队辅导员得出。

为了使挑战活动完成得更出色，各小队要准备一块手表、一支笔、三张白纸、一张可以贴星的纸、一台照相机以及垃圾袋等。

2. 活动过程

进入"东方绿舟"后，队员们便以小队为单位接受各种挑战任务，考虑到挑战内容的多样性及"东方绿舟"已有的设施，班主任分别设计了以下几个挑战项目：

挑战一：观察能力

挑战地点：整个"东方绿舟"。

挑战时间：从进入东方绿舟开始，直到离开结束。

挑战内容：

（1）在整个活动过程中找一个你们认为最有意义的地方，并说出有意义的理由，全体小队队员在那里拍一张照片。

评价方法：完成的可获得一颗绿星。如果这张照片拍得"个性十足"或"与众不同"，则可多获得一颗绿星。

评价者：照片印出来后由中队辅导员和全体队员投票决定。

（2）把主要景点(如"智慧大道")，画成一张游览地图，并在地图上作出标记。

评价方法：完成的可获得一颗绿星，标记画得最全的可加一颗绿星。

评价者：花老师（副班主任）。

挑战二：智慧

挑战地点："智慧大道"。

挑战时间：从接受任务开始，共计30分钟。

挑战内容：请在"智慧大道"的名人雕塑中，找出一些课文中或者课外阅读中出现或介绍的人物，并写出人名和相对应的课文名字，至少四个。每人和自己喜欢的人物拍一张照片，并记住他的背景介绍。

评价方法：

以完成的先后顺序和正确率为标准：

第一、二名：三颗黄星；

第三、四、五名：二颗黄星；

第六、七名：一颗黄星；

若在答案中有错误或错别字则相应减星，减完为止。

评价者：章老师（班主任）。

挑战三：创意能力

挑战地点："拓展园"。

挑战内容：在"拓展园"中有很多奇怪的设施，这些设施都是用来进行拓展练习的。现在请你们一起动脑筋，根据这些设施来设计一个有意义的游戏。

挑战时间：从发布命令开始30分钟内。

评价方法：将设计好的游戏告诉体育老师，要求把游戏过程介绍清楚，并能当场演示。

以完成的先后顺序和是否可行为标准：

第一、二名：三颗蓝星；

第三、四、五名：二颗蓝星；

第六、七名：一颗蓝星；

若游戏过程介绍不清或无法实施则相应减星，减完为止。

评价者：体育老师

挑战四：合作、勇敢

挑战地点："勇敢者道路"。

挑战内容：齐心协力一起通过勇敢者的道路。

挑战时间：30分钟内。

评价方法：全体队员都能通过则可获得和小队人数相同的红星。不能全体都通过，但在整个过程中队员互相帮助、互相鼓励的，可获得两颗红星。

评价者：中队辅导员

挑战五：环境保护

挑战地点"大草坪"。

挑战内容：请至少设计两条广告，发给草地上共同用餐的其他班级同学，请他们也保护环境。为了保证效果，请他们其中一个同学签名（班级、姓名、学校），并给你们的广告打分，最高四颗星，不要忘记和他们一起在干净的草地上合影哦！

挑战时间：发布命令开始至集合为止。

评价方法：凭其他同学给你们的星数到中队辅导员那里换取相应的粉红星。

评价者：中队辅导员

四、要点提示

1. 班主任在活动前应该有明确的活动目的，根据班级的实际情况设计相应的活动内容，从而达到促进学生发展的目的。

2. 为了保证活动顺利开展，教师应该在活动前对"东方绿舟"的活动场地有所了解。

3. 根据学生的情况，教师在活动进行的过程中应进行适当调整，以保证活动的顺利进行。

五、活动反思

1. 由于"东方绿舟"的活动场地过大，因此不便于学生集中，所以班主任在发布命令时要注意明确每次活动的要求。

2. 由于每个小队的队员能力存在差异，在挑战过程中班主任要考虑到能力较弱的小队，及时做好鼓励、帮助工作。

六、学生变化

通过这次活动过程，班主任感受到了学生的明显变化：

1. 学会齐心协力

由于每个挑战项目都要求小队全体队员共同参与，所以队员在这方面的变化最为明显。在完成勇敢者道路的过程中，阳光小队中的一个女孩，第一次爬山时爬到一半就吓得哭了，被管理员抱了下来，但是在小队队员的鼓励声中，她又一次爬上了小山，并勇敢地翻越了过去。精灵小队的队员小李，活泼好动，勇敢者道路对于他来说就是"小菜一碟"，在翻越的过程中，只要有队员有困难，他都会想办法帮助他们，因此他受到了很多队员的表扬。在爬"网阵"时，同学们更体现出了齐心协力的精神，大个子拉小个子，胆大的鼓励胆小的，最后每个学生都通过了"勇敢者道路"。

2. 增强自信心

小陈是"蝴蝶小队"的一名队员，她个子小小的，总觉得什么都比不过别人，一点都没信心，没想到在挑战创意时，她发挥了很大作用，为自己的小队赢得第一，这也让她信心倍增。小倪是班级里出名的"皮大王"，平时常常闯祸，但是在拓展园完成挑战任务时，他出了一个特别好的点子，得到了全体队员的一致好评，这也让他摘掉了"皮大王"的帽子，成了队员心中的"智多星"，受到了同学们的欢迎。

3. 学会交往

在这次挑战过程中，要求队员们在草坪上吃完饭后至少设计两条保护环境的广告发给草地上共同用餐的其他班级的同学，并请他们签名。完成这个任务最难的地方便是要和不认识的同学交往，但是很多队员完成得很好，有些还和其他班的同学成了朋友。

4. 发现不足

"精灵小队"成员都是男孩子，在挑战勇气、智慧、创意能力方面都完成得不错，但是最终导致他们没有获得冠军的原因是没有完成挑战观察能力这个项目。由于他们不仔细，遗漏了这个任务，不过在总结会上很多队员都表示要吸取这个教训。

"挑战自我"社会实践活动让学生有了很多的收获，他们学会了和他人交往，学会了和他人合作，更找到了自己身上的不足。

案例五　红领巾，我为你自豪

—— 一、二年级队课教育

一、设计意图

长风公园地下少先队群雕是一个很好的爱国主义教育基地，在这里开展少先队队课教育是一个很好的场所。

通常意义上的队课都是辅导员站在讲台上给孩子们灌输有关少先队的相关知识，对于七八岁的孩子来说，即使背出所有的知识依然感受不到中国少年先锋队的先进性，也依然无法激发他们加入这个组织真正的意愿。

因此，让学生们在长风公园地下少先队群雕前，通过直观的参观群雕像，聆听父母当少先队员时的故事以及找到身边少先队员的榜样等形式，对少先队组织产生进一步认识，同时在少先队雕像前学习敬队礼，提升学生对于"人民的利益高于一切"的认识，激发学生加入少先队的志愿。

二、前期准备：

收集、了解地下少先队的相关资料，对地下少先队成立、活动情况有一定的了解；

观看1959年拍摄的影片《地下少先队》；

邀请学生家长参与活动，活动前请部分家长做好发言的准备。

三、活动过程：

1. 参观、了解地下少先队的成立及相关活动情况

师：同学们，今天我们汇聚在长风公园，在我们面前呈现的是一组组浮雕，你们知道这些浮雕的主题吗？

生：地下少先队。

师：是的，为纪念新民主主义革命时期上海少年儿童的革命事迹，以第一次国内革命战争时期的"劳动童子军"、第二次国内革命战争时期的"赤色童子军"、抗日战争和解放战争时期的"地下少先队"为题材的地下少先队浮雕于1990年5月在长风公园中心大草坪东部落成。

师：第一次国内革命战争时期，中国共产党在上海创建了"劳动童子军"。他们积极参加"五卅运动"和上海工人第三次武装起义，成为革命洪流中的积极力量。第二次国内革命战争时期，中共上海地下党建立了"赤色童子军"，开展"小先生运动"。抗日战争和解放战争时期，中国共产党创建了"孩子剧团"，创办了《少年报》，建立了"地下少先队"。孩子们贴标语，探敌情，揭露国民

党的罪行，为迎接上海解放作出了重要贡献。

师：活动前，老师请你们观看了影片《地下少先队》，对于地下少先队员们的勇敢与机智有了进一步的认识，现在请大家说说影片中印象最深刻的片段吧！

（学生交流影片中印象最深刻的片段……）

师：在最危险的时期，地下少先队员们勇敢、顽强，和敌人进行斗争。在最危急的时候，地下少先队员们凭着自己的机智与沉稳，战胜了敌人，他们真是我们的榜样。

2. 请家长交流自己加入少先队的故事

师：中华人民共和国成立后，中国少年先锋队成为在中国共产党领导下的先进的少年儿童组织，有自己的队旗、队歌、标志——鲜艳的红领巾，每一个少年儿童都希望能加入这个组织。你们的爸爸、妈妈也曾经是一名光荣的少先队员。想听听他们当时加入少先队的故事吗？想听听他们在少先队中曾经开展的有趣的少先队活动吗？

师：下面请部分学生家长交流自己加入少先队的故事以及曾经在少先队中开展的有趣活动。

3. 请学生说说身边"红领巾"的故事

师：了解了地下少先队的历史，又听了爸爸、妈妈讲述他们是少先队员时的故事，其实很多同学发现，少先队员就在我们身边。进入小学已经一年了，高年级的大哥哥、大姐姐们都是"红领巾"，你看到过发生在他们身上的故事吗？

（学生交流发生在学校少先队员之间的故事，如少先队员帮助弟弟妹妹出黑板报、把自己的书籍送给弟弟妹妹们等。）

4. 交流加入组织的愿望，学敬队礼

师：同学们，少先队是一个先进的组织，正如刚才大家交流的那样，这个组织中的每一个队员用自己的实际行动为少先队增光添彩。明年的六一节，你们也将戴上鲜艳的红领巾，像哥哥、姐姐、爸爸、妈妈那样，成为一名光荣的少先队员，有哪些同学已经准备加入少先队了？

师：此刻，让我们全体立正，举起你们的右手，五指并拢，高举过头，它意味着人民的利益高于一切。请大家跟着老师学习敬队礼。今天，我们站在地下少先队浮雕的面前，了解少先队的发展历史，感受身边少先队员的先进事迹，更立下了加入中国少年先锋队的志愿，老师相信，只要你们努力，将来一定能成为社会主义接班人，社会的栋梁之材。

四、活动反思

1. 把中国少年先锋队组织直观化

通过观摩影片《地下少先队》、参观雕塑、了解雕塑背后的故事、听父母讲自己少先队时的经历、寻找身边的"红领巾"等环节，把原本对于二年级学生来说抽象的组织直观化、形象化、亲切化。

2. 有效结合学生即将入队的契机

一年后，学生们就将加入中国少年先锋队成为一名少先队员，在"地下少先队"的浮雕前开展这样的一个活动，可以说是一堂生动的队课教育，这样的活动能不断地延续下去。

3. 充分发挥家长的作用

孩子们的父母曾经都是一名少先队员，由于他们的年龄不同，因此对于少先队的回忆肯定也不一样，通过他们把少先队的活动告诉孩子会让孩子们感觉更加亲切、更容易接受。

学生通过现场参观浮雕、聆听父母少先队员时的故事、找到身边少先队员的榜样，学生们一定会对少先队组织有进一步的认识，同时还能激发学生加入少先队的愿望，达到很好的教育目的。

"撰写社会实践活动方案"相关视频资料请扫书后二维码。

思考与实践

结合国庆节，可以设计哪些社会实践活动？

表 5-3　班级社会实践活动记录

学校		年级、班级		执教时间	
活动主题				执教老师	
目标与要求				设计要点	
社会实践活动的实施					
评价					

第六篇

走近家长

第一章　正确处理教师与家长之间的关系

一、教师与家长的关系中存在的问题分析

众所周知，要真正对学生开展好教育工作，帮助学生更好地成长，学校、家庭两者之间必须共同合作。家长和教师之间只有建立良好的关系，才能帮助孩子在家里和学校中更好地生活、学习，促使学生更好地发展。然而，现实情况却并非如此。家长和教师都希望在合力下达到最好的教育效果，促进学生健康成长，但是由于两者的身份不同，看待问题的角度不同，虽然都希望孩子"好"，但却是不同的"好"。由此引发的冲突不可避免，家长与教师在合作关系中存在的问题如下：

1. 教师与家长的教育思想与教育方法不同

由于家长与教师双方的教育水平不同，教育思想与方式也不尽相同，因此对学生问题的认识、理解也不同，双方就有可能产生矛盾。从教师的角度看，他们希望学生都能遵守学校的规章制度。可是越来越多的家长想从个性发展的角度培养学生，希望自己的孩子个性鲜明。共性统一与个性发展的矛盾越来越明显。

2. 对学生在成长过程中出现的问题态度不同

教师和家长的矛盾，常常是由于学生在成长过程中出现的一些问题所导致的。如有的学生表现总是不尽如人意，也有的学生存在某些不良的行为习惯，纠正多次，仍有反复等。对此，教师和家长双方可能会相互责备对方没有尽到责任，不考虑具体情况就把责任推给对方。

3. 教师和家长缺少必要的联系与沟通

虽然通信的便捷给教师和家长的沟通提供了许多方式，但由于双方工作繁忙等原因，有时并不能及时沟通。加之家长与教师的关系很难被定性，双方交往的内容、形式、数量也就有很大的随意性。因此，有些问题的产生就是由于缺乏必要的联系与沟通造成的。

4. 教师与家长看待学生发展的视角不同

作为教师，除了考虑学生个体的发展之外，更多会考虑学生在班级整体的发展情况，就是通常说的"横向比较学生"。因此，经过比较后，后进生常常会被老师忽视。但是作为家长，更多会看到孩子在原有基础上的进步情况，就是我们通常所说的"纵向看孩子发展"，孩子的点滴进步他们都会看在眼里，即使没有进步，在家长眼中也会被看成保持现状。由于教师和家长看待学生的视角存在差异，因此教师与家长的矛盾就容易产生。

二、教师要多方面了解家长

教师要认识到教育是一项系统工程，需要学校、家庭、社会的密切配合。教书育人，不仅要了解学生本身，熟悉学生的个性，还要了解他们的家长，了解影响他们成长的家庭环境等，只有这样，才能使教育有的放矢，做到因材施教。

1. 多种途径了解家长

（1）书面材料

这里提到的书面材料主要指新生入学的报名材料以及学生成长册。对于刚入校的学生，教师通常在没有接触学生之前都会从教导员的手上拿到一份新班级学生的入学报名表。仔细看这张表格，教师能很清楚地了解学生的年龄（是否有早读书、延迟入学等特殊学生）、学生的家庭住址（便于安排小队活动），以及家长的职业、年龄、学历和工作单位等基本情况。

教师通过翻阅学生成长册，除了看学习成绩、老师的评语之外，最重要的是看成长册中家长的留言。教师可以从留言中了解家长对于孩子成长的关注程度。

（2）沟通了解

作为班主任，如果新学期不是担任一个新组建的班级班主任，而是接手其他老师的班级时，教师必须和前一任班主任有深入沟通，在了解学生情况的同时积极了解学生家长的相关情况。比如，家长对于班级活动参与的积极性，对于学生教育的方式方法等，这些都可以帮助新班主任快速了解学生信息。

（3）家访

教师面对的孩子们虽然坐在同一个教室，接受着同样的教育，可是孩子们之间的差异非常大，其中最大的影响因素就是家庭教育。一个有问题的孩子，他的家庭教育也一定是有问题的。因此，要真正了解学生以及他们的家长，家访就显得尤为重要。

家访前，教师要做好充分准备。除了提前和家长约定之外，教师也应该明确家访的目的，如沟通反映孩子在学校的表现，让家长了解学校的理念、要求等。当然，家访最重要的还是了解家长的教育理念、教育方法以及为孩子营造的学习氛围等情况。

2. 从不同方面了解家长

（1）家长的职业类别

家长的职业类别是家庭教育的一个客观指标。班主任可以从学生的报名表、与前一任班主任的沟通中了解这一情况。

由于家长的职业不同，使得家庭教育和家庭生活都会受不同程度的影响，由此也就形成了不同的家庭环境、学习条件、学习氛围。不同职业类别的家长对子女教育的自觉程度和教育方式均存在差别。家长的职业道德、职业修养对子女都有一定影响。

（2）家长的文化程度

家长的文化程度是影响子女学习成绩和品行极为重要的因素之一。家长的文化程度可以从报名表、与前一任班主任的沟通中了解，当然，通过家访和家长的沟通也能感受到家长的文化程度。

家长文化程度高，就能主动指导子女学习，中等文化程度的家长对子女的思想教育和学习成绩也能起到较好的作用，而对于初等文化程度的家长来说，往往由于自身无力指导，常常只能任由孩子发展。因此，学生家长的文化程度、道德水准与学生品德面貌相关性很高。

（3）家庭的经济状况

家庭的经济状况决定了家长给孩子提供的学习条件，这可以通过报名表中家长的职业、与前一任班主任老师的沟通及家访深入了解。

如果家庭比较贫困，生活水准在温饱线以下，虽然能为子女提供正常的学习条件，但将有可能影响子女的教育和子女的身心发展。相反，过于优越的家庭条件也可能成为孩子学习的不利因素。班主任需要及时了解，适时对家长进行指导。

（4）家庭的自然结构

常态结构家庭的子女一般可健康发展，班主任要对学生中非常态家庭的情况加以了解。一是离异家庭、二是缺损家庭、三是收养家庭、四是再婚家庭。这些非常态家庭或多或少会对孩子的心理健康发展有一定影响，因此，班主任必须了解并且加以关注。

（5）家长对教育的重视程度

相较之前的四个方面，家长对教育的重视程度也尤其重要。在现实中，有家长自身的文化程度不高，职业也很普通，甚至家庭条件还很一般，但是家长非常重视学生的教育，积极配合老师开展各项工作，有了这些家长的支持，家校合作会非常成功。但是，也会有家长自身文化程度高，家庭经济条件好，但是因为忙于工作，疏于对学生的教育，甚至把学生的教育全都托给老师管理，对学生的发展一点都不关注，这类家长会令老师头疼，也是最需要保持密切联系的一类家长。

三、正确处理教师和家长之间关系的原则

教师应该融洽与家长的关系，指导家长正确地去爱自己的孩子，鼓励家长积极主动参与学校和班级的活动，共同承担教育责任。

1."四要"原则

（1）要尊重家长，认真倾听家长的意见

学生家长不论是工人、农民、医生、技术人员，教师与之相处时都应该相互尊重、相互信任。教师职业之所以高尚，在于自始至终都在以高尚的情操教育下一代人，对待学生家长更应该尊重，学会认真倾听家长的意见，及时进行反馈与改进。

（2）要多报喜，少报忧；先报喜，再报忧

很多学困生的家长，会有一种因为子女读书成绩差而自卑的心理。经常可以看到，一年级时所有家长在教室门口聚成一团，互相间议论学校发生的事，看到班主任更是会主动上前，积极进行沟通，了解学生在校的表现。而到了三四年级，部分学困生的家长渐渐淡出这个圈子，整天听着别人的家长议论他们孩子的学习成绩，但问到自己的孩子时，他们说不出口，所以避而远之。看到班主任后更是远远地躲开，生怕老师一见面就开始告状，他们不愿意和学校老师沟通，甚至部分家长会因此觉得老师对他们也有偏见。这样的家长，老师一定要注意主动表扬他们的孩子，切忌见面就告状。

任何一个孩子，即使是学习困难的学生，也会有优点，哪怕是"有几个字写端正了""上课坐端正的时间比以前长了""默写正确的字多了几个"，一点点小的进步老师都应该看在眼里。和这些孩子的家长沟通时，就应该"多报喜，少报忧；先报喜，再报忧"，让家长感受到学生的进步，感受到老师对学生的关注，慢慢消除其自卑心理，使其愿意配合老师开展工作。

（3）要一视同仁地对待家长，客观公正地处理问题

无论家长在校外是怎样的身份，进入学校他们的身份是相同的，那就是一名

学生家长。教师在和家长沟通的时候应该做到一视同仁，客观公正地处理问题，这样才能赢得家长的信任。

（4）要发挥家长会与家委会的作用

家长会、家委会是一个充分发挥家长作用的舞台。很多时候，班主任往往忽视这样一个沟通的平台，更忽略了这个平台的作用。家长会成为学科任务布置大会、家委会成为教师任务的执行者，这样做都是不对的。除了在家长会上让家长了解学生的学习情况之外，还可以让家长了解育儿的方法，进行一些教育的指导。家委会更是家长配合老师共同开展工作的平台，家长中有很多热心人，老师就应该让他们一起为班级工作出谋划策，从他们的视角开展相关的活动，鼓励家长积极参与班级管理。

2."四不要"原则

（1）不要用命令与指责的口气和家长说话

随着全民素质的提高，家长的水平也在不断提高，他们中的佼佼者在教育方面的许多见解值得教师学习。家长们站在旁观者的位置上也比教师们更容易发现教育过程中的问题。教师应该放下"只有我懂教育"的观念，经常征求家长意见，听取他们的建议，诚心诚意地获取家长的支持与配合。特别是当学生发生问题需要请家长配合解决的时候，更不要用命令与指责的口气与家长说话。

（2）不要挑起家长之间的矛盾

教师不仅要与家长建立平等友好的关系，而且要鼓励家长之间友好相处。家长之间的不和可能是因为学生之间的不和睦，而且家长之间的不和也会影响学生之间的关系。因此，家长之间只有建立良好关系，才能让班级学生之间的关系更和睦，也才能更好地配合教师开展班级各项活动。

（3）不要推卸自己的责任

班主任的责任到底是什么？常常会听到教师埋怨家长不好好教育学生，还抱怨学生怎么也教不会，班级发生伤害事故的时候教师向家长陈述时总会说"当时我不在"。其实，作为一名家长都能听出这些话的言下之意，那就是教师在推卸责任。如果家长在和教师沟通之前感受到教师在推卸责任，那么之后的沟通就不会顺利。所以，教师在遇到任何学生问题、班级问题时都要积极处理，不要先推卸自己的责任。

（4）不要等家长先沟通

教师的工作是繁忙的，特别是担任班主任的老师，除了自己本身的教学工作之外，还承担了管理班级日常事务的工作。人的精力毕竟是有限的，班主任难免会在工作中忽视一些细节，如学生之间的不和，甚至因此发生的彼此之间身体上的伤害，如果等到家长先来找老师反映孩子受伤的情况，而班主任却一无所知的话，那么后续开展工作一定会很被动。所以，班主任必须做一个有心人，关心班级里每一个孩子，孩子发生任何问题都应该及时和家长取得沟通，共同商量教育学生的方法，而不要等到家长先来沟通。

如何与家长沟通是一门学问，更是一门艺术。班主任应该在不断的摸索与反思中寻找更好的方法。

> 任何一个孩子的教育都离不开家庭，任何一个有问题的孩子，他的家庭教育一定会是有问题的。通过下面的案例，看看班主任是如何通过与家长的共同努力，发挥家校共同教育的合力，帮助孩子成长的。

案例一　从"一"开始

小吴是一个很特殊的孩子。一提到他的名字，同年级组的老师会立刻皱起眉头在班主任面前罗列他曾经做过的坏事：他曾经到隔壁的社区偷过儿童自行车，被当场抓住；他曾经在课堂上大骂新上岗的年轻教师，把老师骂哭；他曾经在教室里点火烧过东西；他曾经因为和同学发生矛盾，将一碗刚盛的汤倒进同学的书包；他曾经拿着一块大石头等在同学家的门口准备砸他；不完成作业、打人更是家常便饭。

这个孩子真的这么可怕？真的总喜欢欺负同学吗？他的身上就没有优点吗？他的父母是怎么教育他的？在班主任的脑海中出现一连串的问题，作为他的新班主任，我决心帮助这个孩子。

1. 第一次见面

7月初接了这个班，通过几次返校活动我对一些学生已经有了了解，但是我最想见的小吴却一直没来返校过。7月25日下午，我第一次来到他家，家中没人。8月18日，当我再次到他家时，我终于见到了小吴和他的父母。

　　至今我仍记得很清楚，那天小吴的头发好像刚剪过，显得很精神。一件白色背心和深蓝色的短西裤相配，看上去很干净。见到我后，在父亲的提醒下，他和我打了一声招呼："章老师好！"说实话，看到他说话彬彬有礼的样子，根本无法将他和所听说的可怕的形象联系起来。

　　自我介绍后，和他简单交谈了几句。我了解到，到那天为止，他的暑假作业除了数学做了几题之外，其余什么都没做，而且根本就没有想完成的打算，更令我吃惊的是，他的父亲表情漠然，根本就没有责怪他，而一旁的母亲则不断在给他找理由，想为他说情。这不由让我想到从他原来的班主任处了解的他父母的情况：他的母亲在一家公司担任管理工作，是这个家里起决定作用的人物，她对儿子百依百顺，只要是儿子的要求都答应。父亲是一名图书馆的管理员，性格很内向，可能是工作的关系，通常情况下沉默不语，可一旦发起火来则会拿起棍棒把小吴往死里打。就是这样的一个家庭造就了这样的一个孩子。想到这，我立刻严肃起来并告诉他，作为他的新班主任，想在开学的时候看到一个新的小吴，如果不能准时交齐暑假作业，开学时，我会要求他补做，不会让他混过去。随后，我向他的父母提了毕业班的相关要求，并希望他的父母能督促他完成老师布置的作业。

　　离开他家后，我又觉得这次家访是不是不太客气，但无论是对他还是对他的父母，我提出的都是最基本的要求。

　　2. 第一次好感

　　在开学前的大扫除时，我在一大堆物品里发现一张棋盘，是用电脑设计的"好学生游戏棋盘"，设计者是小吴。当时带着很多疑问，我询问了他原来的老师，这才知道以前的语文老师让班级里的每个学生都设计了一张棋盘，并挑选好的棋盘在年级橱窗里展示。小吴设计的棋盘，也被展示出来。

　　我仔细看了这张"好学生棋盘"，上面有几个后退的格子，分别写着"上课纪律不好退3格""不完成作业退3格""放学玩火退5格"。看着看着，我突然意识到这些后退的情况都是小吴自己犯过的错，他似乎也知道这些都是不应该做的。这不是一个很好的教育机会吗？

返校结束后，我便把他留了下来。经过交谈，他告诉了我设计棋盘的构思。当时我就肯定了他在电脑方面的擅长及设计的巧妙，并告诉他，我想和他一起下这盘棋。当时他很吃惊，下了一盘后，我输了，他很得意。我马上提出和他再比一次，看看他是不是真的还能赢我，但不是现在，而是学期结束的时候。他很疑惑地看着我，我知道时机到了。我对他说："你棋盘上的每一格代表一个星期。如果你表现好就进一格，否则就倒退，看看学期结束你能不能到达终点。"他迟疑了一会儿，答应了。

下班回家时，我正好碰到小吴的爸爸，我告诉了他和小吴下棋的事，并让他回家后好好表扬一下自己的儿子。他听后很高兴，在他的脸上看到了一种欣慰的笑容，连连向我表示感谢。那一刻，我感受到他对小吴那种深深的父爱，只是苦于缺少沟通，又缺少方法，造成了现在父子之间的隔阂。于是，我告诉他的父亲，孩子现在已经长大了，马上就将进入青春期，一味打骂是没有办法解决问题的，有效的沟通是最有效的教育方法之一。在孩子的成长过程中，特别是男孩，不能缺少父亲这个重要的角色。听了我的建议，他的父亲连连点头，表示会改进教育方法。

3. 第一个闪光点

10月16日是五年级学生完成三天校外实践活动，返校向家长汇报的日子。10月15日，我特意提醒学生第二天穿校服。可是没有想到，第二天小吴穿了一身黄色运动服走进了教室。

我一看到他的衣服，立刻就想发火，但我告诉自己要忍住，也许他真的忘记了。

早操结束后，我一进教室便扫视了一下全班同学，最后把目光落在了小吴的身上，但我一句话也没说。我注意到小吴故意避开了我的目光。第一节课后，我把他叫到身边："你今天穿的衣服挺不错的，但是如果你和同学们一样能穿校服的话，下午家长开放日时我们班级一定会显得更整齐。"

下午，我在教室里进行纪律教育，家长们也陆续到校，并在教室门外等候。这时，我突然看到小吴的母亲在焦急地敲门。"怎么回事？"我心里纳闷。经过了解，我才知道小吴特意打电话让母亲把校服送到学校。听到这个情况，我特别开心，不仅因为一件校服，更因为我发现小吴身上的闪光点——有集体的荣誉感。我特别向小吴的母亲表示了感谢，感谢她对学校工作的支持与配合，并简单地把最近小吴的进步情况告诉了她，他的母亲听了很高兴。

两个多小时后，活动结束了。在下午的总结课上，我特意表扬了小吴，告诉同学们小吴换校服的故事，表扬他的集体荣誉感。

之后，我更特别注意观察他的闪光点。因为我知道，对于学生来说，发现他的一个优点，哪怕是很小的，都比发现一个缺点要来得重要，特别是对小吴这样一个特殊的孩子。

回到家后，我打电话和小吴的母亲进行了联系，还把在全班同学面前表扬小吴的事情告诉了她。从来就没有收到过老师表扬电话的小吴妈妈，第一次从老师口中听到对孩子的表扬，她的高兴与激动在电话另外一头的我都感受到了。我知道，从那一刻开始，小吴的妈妈对于老师的建议已经不排斥了，而这也正是我需要的。随后的交谈中，我给她的母亲提供了一些教育建议，比如，在一些原则性问题上，家长要有底线；当孩子犯错误的时候，家长应该及时进行教育而不是一味替孩子找理由。小吴的母亲听得很认真，我相信在以后对小吴的教育中她会采纳我的建议。

4. 第一次获奖

之后一段时间，我利用一切机会找出小吴身上的闪光点，并及时表扬他，所以他的进步还是挺多的。

11月4日中午，我利用午会课前一点时间选举少代会的各项标兵。出乎意料，在选进步标兵时小杨提名的是小吴，更没有想到全班同学都肯定了小吴的表现，全班都为小吴的进步鼓掌，让我意外的是，小吴竟然脸红了。

晚上，我又到小吴家家访，把这一好消息告诉小吴的父母。他的父母都特别地高兴，特别是她的母亲，不断夸自己的儿子，我一一点头表示肯定。我告诉她母亲，小吴是个不错的孩子，如果能对他提出一些严格的要求，在他犯错误的时候及时提醒改正，小吴一定会越来越好。同时，我也让他的父亲明白，在孩子的成长过程中，特别是儿子的成长过程中，父亲的沟通教育是很重要的，不要因为觉得孩子管不好就不管，孩子如果有什么问题，家长在教育上肯定也是有问题的，希望小吴的父母能共同配合，一起做好小吴的教育工作。

看到小吴的进步如此大，他的父母都很开心，同时表示愿意共同配合我的工作。

和第一次家访相比，我觉得这一次更成功。

5. 第一次展示

在对小吴有了进一步的了解后，我发现他伤害同学无非是为了表现自己了不起。为什么不为他创造一些表现自己的机会呢？

没多久，轮到我们班负责广播。小干部都很负责，将广播内容给全班同学看征求同学意见。意见最集中的是小吴提议的《我的中国心》和小唐提议的《朋友》。通过大家讨论，决定给小吴一个机会，让他在全校面前展示一下。小吴很积极地投入广播节目的准备中。

还有一次，同学们举行了雏鹰争章主题班会，需要挑选两位主持人。小吴也报名参加竞选，最后班委讨论决定把这次机会给小吴，小吴特别高兴，认真为活动准备着。那天，他主持得很不错，我特意用相机给了他一个大特写。

照片印出来后，我让小吴带给他父母看看。晚上，我接到他父亲打来的电话，话语中充满了感激之情。我也告诉小吴的父亲，小吴是个很要求上进的孩子，在语言表达上有自己的优势，作为他的父亲以后还是少一点打骂，多一些沟通，孩子的进步会更大。小吴的父亲非常乐意地接受了我的建议，并表示从上次家访开始，他和小吴的母亲在教育方法上已经有了很大改变，自己几乎不打孩子了。看到小吴父母的变化，我也很高兴，为他们对我工作的支持与配合感到高兴。

回首当初接班时那个让很多老师一听名字就皱眉的小吴，他已经有了很大的变化。毕业前，他写了一篇作文《老师，我想对您说……》，文中写下了这样的几句话：

"章老师，在别人的眼中我是个坏孩子，没人喜欢、没有朋友，但是在您的帮助下，我有了很大的进步，您给了我一次次机会，让我展示自己，让我有了朋友，谢谢您，我会永远记得您。"

虽然语句并不优美，辞藻并不华丽，但我知道，小吴的感情是真挚的。毕业典礼那天，他的父母拉着我再三表示感谢，并告诉我他们现在和孩子的沟通越来越多，感谢我对他们的帮助。

虽然我只和小吴的父母接触了一年，但是这一年中，我和小吴以及他的父母一起经历了很多的第一次：第一次见面、第一次好感、第一个闪光点、第一次获奖、第一次展示，这些第一次，让我看到了孩子的成长与进步，也让我感受到了父母教育观念与教育方式的不断转变。

【案例评析】

此案例中，从第一次家访便能得知小吴父母的家庭教育存在重大问题。从资料可知，他的母亲在一家公司担任管理工作，是在这个家里起决定作用的，她对儿子百依百顺，只要是儿子的要求都答应。父亲是一个图书馆的管理员，是性格很内向的人，通常情况下沉默不语，可一旦发起火来则是会拿起棍棒把儿子往死里打。这样的家庭教育模式显然不利于孩子的成长。章老师在充分认识到这一点后，通过家访或者电话，哪怕只是仅有一点放学后同家长沟通的时间，积极主动同家长交流沟通，并给家长灌输正确的教育理念。

一个孩子的成长，影响最深的是来自家庭和学校两方面的教育。通过自己的方式改变孩子的行为是不易的，而转变家长的教育方法更是不易。如何让家长意识到自身家庭教育存在偏差，如何灌输正确的理念，这成了班主任工作中的难题。案例中，如何让小吴的父亲学会和孩子进行沟通，如何让他的母亲意识到溺爱不是爱，成为迫切要解决的难题。

于是，当孩子取得一点进步时，班主任都会先和他的父亲进行沟通，让原本对儿子已经失望的父亲看到孩子的进步，并告诉父亲可以沟通的话题以拉近父子关系。当母亲按照儿子的要求送来校服后，老师及时表扬的是她对学校工作的支持，并告诉她如果她能继续配合学校、配合老师做好孩子的教育工作，那么她的儿子一定会更棒。这样的情况下，家长自然就很容易按照班主任的要求而不是再像以前一样只听儿子的话。同时，班主任又给他的母亲提供了一些切实可行的教育方法，改变以前无原则的溺爱。在这样的家校沟通中，孩子的进步也非常显著。

同家长沟通是一门学问。主动沟通，协同合作，努力为孩子营造良好的成长氛围。

> 每个班级里都有一些让老师头疼的孩子,在教育孩子的过程中,只有老师和家长共同合作才能取得最好的教育成果。在下面的案例中,面对孩子的问题,老师应该如何在家访的过程中,得到家长的认可,共同来教育好这个孩子?

案例二 小李的故事

小李是班级里非常调皮的一个学生。在爷爷奶奶的溺爱中成长起来的他,自理能力非常差,从小衣来伸手,饭来张口。他的爸爸看到孩子的这些表现常不以为然,认为男孩子长大了就会好的,而他的妈妈已经意识到了问题的严重性,可是由于"孤军作战"常常感到力不从心。

小李在班级里也常常随心所欲,比如,听广播的时候,他会拿出想做的作业,埋头做起来;在和同学的交往中遇到一些不顺心的事情,他就会发脾气;同学不小心碰到他,他就会碰还别人,这样心里才舒服;家长没空检查他的作业,他就乱做,以下就具体讲述几个发生在他身上的故事。

故事一

下午放学,除了值日生以外,其他学生都排好队伍准备回家了。我回到教室,准备和值日生一起把值日工作做完,可是让我没有想到的是教室里除了参加晚托班的学生以外,只有倒下的扫帚和簸箕散放在教室,值日生却早已不见。

询问了参加晚托班的学生后,我知道值日生已经全部都走了,这可是从来没有发生过的事情。于是,我立刻让学生把值日生叫回教室。

不多久,就看到四个神情紧张的男孩出现在了我的眼前,"知道我为什么把你们叫回来吗?"我生气地说。

小李低声说:"因为我们值日没做好。"

"明明知道自己的工作没做好,为什么都走掉了?"

一阵沉闷。

"小李,你先说。"因为他是今天的值日队长。

"因为我们都要参加课外辅导班,所以我就叫他们都走了。"

"要参加课外辅导班就不做值日生了吗?"我追问道。

又是一阵沉闷。

"你们说怎么办？"

在我的建议下，我和他们一起用最快的速度完成了当天的值日工作。可是，小李这个极不愿意劳动的男孩，在以后的值日生工作中照样还是能逃就逃，能不做就不做。

故事二

为了鼓励学生提高阅读量，我给每位学生发了"阅读记录卡"，学生可以把已经阅读书目填写在阅读卡上，并要求学生能找到阅读证明人签名。

一开始，学生们完成得很认真，证明人在签名前总要认真询问书中的相关内容，可是时间长了，我发现学生没有以前认真，甚至开始出现了新问题。

有些学生找关系比较好的同学签名，这样他即使说不出书上的内容，好朋友也会帮他签名。还有些学生为了表示友好主动帮别人签名，有时一签就三四个名字。其中，小李是表现得最为特别的一个，为此我找他好好谈了一次。

"小李，你有没有随便帮同学在阅读卡上签名？"

"没有。"他说。

"你看，这是什么？"我拿出了几本他签过名的阅读记录卡。

"是他们要我签的。"

"签名的同学都应该问问有关书上的内容，你问过吗？"

他摇了摇头。

"同学们让你为他们签名是对你的信任，可是你却一点都不负责，根本没有认真询问，如果让你签名的同学根本没有看过书，那你不是在帮助他欺骗吗？"

他没有说话。

"当你为同学的阅读记录卡签名的时候，你就要认真询问，然后再签名，这是你的责任。如果其他同学都像你一样，随便签名，那还要阅读记录卡干什么呀！"

"那以后我不这样了可以吗？"他回答我。

虽然从表面上看，他似乎已经接受了我的教育，可是我能感觉到，这样的接受是出于敷衍，他并没有真正意识到问题的严重性。类似这样不负责任的行为还是经常可以在他身上看到的。

思考与实践

1. 面对小李这样的学生,作为班主任应该采取怎样的教育方法?
2. 小李的家庭教育存在较多的问题,作为班主任应该如何与家长沟通呢?
3. 根据以上案例,完成一份学生个案分析与研究表。

表 6-1　学生个案分析与研究表

学生姓名		年龄		性别		年级、班级		担任工作		兴趣、爱好	
学生基本情况											
个案分析主题											
个案分析											
跟踪研究设想											

第二章　开好学生家长会

家长会是家校教育的必要环节,是班主任同家长沟通形成教育合力的主要方式之一。学校通过家长会,向家长汇报学校教育教学的工作情况及今后计划,并向家长提出教育的具体要求,听取家长的意见并改进工作,从而协调学校教育与家庭教育的关系;家长通过家长会,能了解孩子所在班级其他学生的成绩与表现等,从而能更客观地了解孩子在集体中的位置。

一、家长会有以下几种主要形式

1. 汇报式

以班主任汇报为主。班主任全面总结并汇报班级工作。如计划的制订与实施情况;全班同学的品德状况、学习状况、身体锻炼状况;部分后进学生的情况分析等。汇报式是最常见的一种家长会方式。

2. 讨论式

以讨论为主,围绕一个或几个重大问题,确立论题,展开讨论,集思广益,搞好班级建设。在这类家长会上,可选取知识丰富、时间充裕、积极热心的家长组成家长委员会,参与班级管理。讨论式的家长会一方面成为学校了解社会的窗口,另一方面成为家长向学校传达心声的媒介。从某种层面上讲,这一形式也是学校对外宣传的窗口,软环境改造的先锋。

3. 交流式

以交流经验为主。在家长会上,安排优秀学生传授学习方法、家长介绍教育子女的经验等，这对提高学生素质和家长教育水平是很有益的。

4. 展评式

班主任收集整理班级的各项成果，如学生的优秀试卷、作业本、思想品德考核记录、活动课成果等，以展览的形式请广大家长参观并评论，通过比较让孩子有追赶的目标。

5. 表演式

以学生的表演汇报为主。在家长会上，班主任组织学生现场比赛，如"外语单词识记竞赛""普通话朗读竞赛""数学一题多解比赛""人生观讲演比赛"等。这种方式不仅直接触动家长，对学生也会产生很大的激励作用。

6. 综合式

在一次家长会中，班主任安排几个内容，如汇报、家长讨论交流、学生表演、优秀成果展评等，这种家长会一般适用于学期末。

7. 主题指导式

这一类的家长会，班主任往往会根据班级学生比较集中的问题，请一些教育专家给予家庭教育方法的指导，这类家长会的指导作用比较明显。

总之，组织家长会前，班主任要策划内容，预测效果。家长会既要解决问题，又要"短、平、快"。主持家长会时要落落大方，接待家长应态度谦和，对学生的表扬和批评都不失公平。语言的表述应清晰流畅，要有较强的应变能力。

二、家长会前的准备

1. 明确主题，精心准备

一次成功的家长会有利于进一步加强家校之间的沟通与联系，提高家长对教育的重视程度，形成家校教育同步化，发挥学校教育与家庭教育的合力作用，同时也能最大限度地消除老师和家长之间的误解及家长对学校工作安排的不理解，为学校的教育教学工作敞开方便之门。

可是，如今很多家长会成了任课教师的任务布置大会，每次家长会，家长们带着笔记本走进教室，把老师们所有的要求认真记录，有的家长会举着手机，把老师家长会上播放的PPT全部拍摄下来。长此以往，参加家长会只能成为一件被逼无奈的事情。每次家长会的主题内容、会议形式都一样，家长怎么还会有积极性走进教室参与家长会？

家长会可以根据学生所处年龄段或者开家长会的不同时间进行组织。

（1）开学初的家长会

有些学校会在开学初召开家长会。学期刚刚开始，无论是学生还是家长都会充满期待。这个时间召开的家长会，主题一般为新学期展望与要求。教师可以利用家长会把新学期的学科教学要求进行交流。班主任可以和家长沟通新学期班级的活动安排以及新学期学生成长过程中可能会遇到的问题。比如，一年级新生开学家长会，班主任就可以告诉家长新生在开学阶段可能遇到的问题，以及家长可以采取的应对方法。三年级的家长会，班主任可以告诉家长，学校会结合学生10岁集体生日举行哪些活动并需要家长作什么配合。

（2）学期中的家长会

学期中的家长会，一般会安排在期中考试后，通常在这个时间段召开的家长会，学科教师都会对刚结束的期中考试情况进行详细点评，更会针对性地将考试中反映出来的问题进行交流，对下半学期的学习提出新要求。这个时间召开的家长会主要围绕学生的学习情况。

（3）学期结束前的家长会

这个时间段召开的家长会除了对学生一学期的学习情况进行总结，还会对学生其他表现进行总结，如学生参与活动的情况、人际交往的情况等。期末家长会从内容主题上说，相较之前两种家长会应更加全面。

无论是哪个时间段召开家长会，班主任都应该确定家长会的主题，进行认真准备。

2. 注重仪表，讲究方式方法

家长会上，一般是家长坐在学生的座位上，教师站在讲台前进行交流。教师是家长会当天的核心，教师的一言一行都会给家长留下深刻印象，特别是新接班的班主任，由于家长对教师并不熟悉，所以更会关注教师的言行。因此，班主任要特别注意自己的仪表以及说话的方式方法。

班主任在家长会上应该穿着大方得体，举止有型。切记不可穿暴露的服装，如吊带衫、破洞牛仔裤、夹脚拖鞋等，建议穿正装，化淡妆。

当然，班主任不仅要注意自己的形象，还要注意和家长交谈的方式。开学初和家长交流新学期计划的时候，班主任要表现出积极主动的态度，使家长感受到热情，激发家长参与的积极性。学期中，向家长反馈期中学习情况时，切记不能用教训的口吻与家长交流，更不能点名批评家长。这不仅会使家长难堪，而且会使家长产生对立情绪。期末向家长总结一学期学生情况时，要客观公正地评价学生，切不可只评价学生表现不足的一面。

3. 布置会场，迎接家长

为了使家长会能达到最好的效果，营造出最好的气氛，班主任需要认真地布置家长会的会场。

一般，班级家长会的地点通常都是学生的教室。这就要求班主任在家长会前把教室打扫干净，桌椅摆放整齐，黑板上可以写一些类似于"欢迎亲爱的家长"等话语，让家长走进教室就感到班主任对待家长会的认真态度。有些班主任还会在学生的课桌上摆放学生的作业，让家长能更清晰地了解学生在校的表现。

通常，家长会的桌椅摆放就按照学生平时的位置摆放，但是根据家长会主题内容的不同，班主任可以将教室里的桌椅进行重新摆放。例如，家长会如果安排了班级活动的讨论，那么教师就可以将桌椅摆放成"U"形，这样家长讨论时就比较方便。再如，家长会如果安排了学生表演，那么教师就可以把班级里的桌椅适当往后移动，留出表演的空地。

三、家长会的过程与内容

1. 组织家长有序签到

通常家长会的时间都会安排在晚上六点至六点半之间开始，大多数家长都能准时赶到会场,但也会有个别家长临时有事缺席家长会。因此,班主任可以事先准备家长会的签到纸,让到达会场的家长有序签到,会后班主任可以通过签到情况了解当天家长参与的情况,对个别没能参加会议的家长,班主任会后要取得联系,了解缺席原因,并告知家长会上的主要内容。

2. 提醒家长收听广播

全校统一时间召开的家长会,一般会安排全校性的广播,通常广播的内容需要全校家长知晓,如学校对于一些政策的具体落实方案、学校在新学期的新举措等,班主任要提醒已经到达会场的家长认真听广播,不要交头接耳。班主任更不能利用这个时间找个别家长谈话,影响听广播。

3. 任课教师学科补充

学校广播结束后,一般就由班主任组织召开班级家长会。通常,班主任会邀请主课任课教师先讲话。由于任课教师要教几个不同班级,因此,家长会前班主任需要和任课教师进行沟通,安排好任课教师进班级的顺序以及进班级的时间,这样既可以避免任课教师扎堆进一个班级,又可以避免教室里没有任课教师出现空档的情况。

4. 面向家长总体介绍

班主任通常在最后一个发言。由于班主任通常也是学科教师,所以班主任发言会分成两部分,一部分作为学科教师和家长进行交流,另一部分作为班主任进行交流。

作为班主任,首先需要把班级的整体情况以及自己带班的理念向家长进行介绍。在这个环节中,班主任应该客观、全面分析班级情况,也可以介绍本班和年级其他班级相比的优势或者劣势。介绍优势及做得好的方面时,班主任应该积极肯定,分析劣势与不足时,班主任可以把自己应对的想法和做法同家长进行沟通。

其次,班主任可以交流需要家长积极配合的方面,如端正学习态度、正确使用电子产品等,班主任应该用诚恳、积极的态度赢得家长的支持。

最后,班主任可以请家长利用家长会的时间进行一些分享,让更多的家长从经验分享中获得教育方法,提高教育效果。

四、家长会的注意事项

1. 精简会议内容，控制会议时间

由于每学期的家长会通常只安排一次，班主任觉得是一次难得的交流机会，就会事先安排很多需要和家长沟通的内容，但班主任还要考虑到部分家长可能为了家长会不迟到，一下班就往学校赶，晚饭都没有吃，如果拖得太久可能会造成家长身体不适。另外，家长下班已经很疲劳，再赶到学校参加家长会，如果会议时间较长，反而适得其反。当然，教师也希望家长会后家长能在回家后和自己的孩子进行沟通交流，如果会议时间过长，家长到家时孩子已经睡了，这就失去了沟通的实效性。因此，笔者建议家长会的时间一般不要超过两个小时，这就对班主任组织家长会、精简家长会的内容提出了要求。

2. 个别学生问题，会后主动交流

一次成功的家长会往往会收到事半功倍的效果。然而，有些家长会越来越让学生感到害怕，参加家长会成了一种无形的精神压力，尤其对于学习上有困难的学生和其家长来说更是如此。因此，家长会千万不能开成"告状会"，否则，个别学生就会编出各种理由，谎称家长不能参加家长会。有些家长也会因为自己的孩子学习成绩差或表现不好，借故不出席家长会。这种情况的出现会严重影响学校与家长的沟通，不利于学校教育工作的开展，更不利于学生的全面成长。

对于个别有问题的学生，班主任可以在家长会后个别交流。会后，班主任可以对其家长婉转地指出学生存在的问题，并提出相应的改进办法。这样做既给学生和家长留了面子，又让他们意识到存在的问题，相信家长一定会积极配合老师，帮助学生尽快改进。

家长会是把学校教育同家庭教育紧密结合的有效途径。一次成功的家长会往往有利于家长对老师的了解和认识，同样也有利于老师对学生的家庭教育的了解和认识，这样老师就可以采取适合本班学生的教育方法，使教育有的放矢，对症下药。因此，举行一次成功的家长会应该是每个班主任追求的目标。对于初入职的新班主任来说，第一次的家长会就显得尤为重要。正因为重要，所以很多新班主任内心的压力会很大,他们往往会非常害怕这第一次的亮相。与之相反,作为学生的家长,他们却非常迫切地盼望召开家长会,他们想知道孩子在校的情况,想了解学校的教育内容,更想知道班主任的教育管理水平,因此,认真对待并组织好家长会十分重要。

"如何做好第一次家长会的开场白"相关视频资料请扫书后二维码。

思考与实践

作为一名新班主任,第一次主持家长会,为了确保家长会的顺利进行,请认真撰写一份家长会的流程。

表6-2 家长会记录单

时间		地点		年级、班级		参与老师	
家长会主题							
家长会主要环节							
需要跟进和解决的问题							

后　记

当我完成书稿的最后一段文字时，坐在电脑前，长长地舒了一口气，《小学班级管理工作入门》终于完成了！

对于一个一线的老师来说，开发课程、完成书稿是我从未想过可以去做并能完成的事情，一路坚持下来遇到的困难远远超过了我的想象，有过想放弃的念头，但是最终还是坚持下来。感谢在整个开发课程和撰写书稿的过程中，学校的严玮懿校长、叶琪副校长以及很多附小的老师们给予了我帮助，特别是华师大附小的丁亦文老师参与了书稿第二篇第二部分《进行班级情况分析》和第三篇第三章《进行班干部的选拔和培养》的撰写，同时还要感谢华师大附小的杨霄雯老师、王培颖老师、李燕萍老师、马欣文老师、罗怡老师、尹佳妍老师给我提供了生动的案例，范菁筠老师、单莉娜老师、丁亦文老师以及部分青年班主任共同参与了视频的拍摄，在此一并表达谢意。

《小学班级管理工作入门》一书就如书名那样仅仅是班级管理工作的"入门"，书中没有高深难以理解的理论知识，有的是我近二十年班主任工作的一线经验和班级管理中的具体方法。

本书的完成也意味着同名十三五市级网络培训课程《小学班级管理工作入门》有了可以线下阅读的配套书籍。对于新入职的教师，特别是新班主任来说，这本书和同名的市级网络课程将为成为指导开展班级管理工作的好帮手。

希望这本书能得到老师们的认可和喜爱。

章琪琪
2020 年 6 月 23 日